RÉPUBLIQUE FRANÇAISE.

MINISTÈRE DU COMMERCE ET DE L'INDUSTRIE.

RAPPORT

PRÉSENTÉ

À LA COMMISSION PERMANENTE DE STATISTIQUE MUNICIPALE DE LA VILLE DE PARIS,

SUR

LES TRAVAUX DE L'INSTITUT INTERNATIONAL DE STATISTIQUE

(Session de Rome, avril 1887)

ET SUR

L'ORGANISATION DE LA DIRECTION GÉNÉRALE DE STATISTIQUE EN ITALIE

PAR M. LE DOCTEUR JACQUES BERTILLON,

CHEF DES TRAVAUX STATISTIQUES DE LA VILLE DE PARIS,

MEMBRE DU CONSEIL SUPÉRIEUR DE STATISTIQUE,

MEMBRE HONORAIRE DE LA SOCIÉTÉ ROYALE DE STATISTIQUE DE LONDRES,

MEMBRE DE L'INSTITUT INTERNATIONAL DE STATISTIQUE.

PARIS.

IMPRIMERIE NATIONALE.

M DCCC LXXXVII.

RAPPORT

PRÉSENTÉ

À LA COMMISSION PERMANENTE DE STATISTIQUE MUNICIPALE DE LA VILLE DE PARIS,

SUR

LES TRAVAUX DE L'INSTITUT INTERNATIONAL DE STATISTIQUE

(Session de Rome, avril 1887)

ET SUR

L'ORGANISATION DE LA DIRECTION GÉNÉRALE DE STATISTIQUE EN ITALIE.

RÉPUBLIQUE FRANÇAISE.

MINISTÈRE DU COMMERCE ET DE L'INDUSTRIE.

RAPPORT

PRÉSENTÉ

À LA COMMISSION PERMANENTE DE STATISTIQUE MUNICIPALE DE LA VILLE DE PARIS,

SUR

LES TRAVAUX DE L'INSTITUT INTERNATIONAL DE STATISTIQUE

(Session de Rome, avril 1887)

ET SUR

L'ORGANISATION DE LA DIRECTION GÉNÉRALE DE STATISTIQUE EN ITALIE

PAR M. LE DOCTEUR JACQUES BERTILLON,

CHEF DES TRAVAUX STATISTIQUES DE LA VILLE DE PARIS,

MEMBRE DU CONSEIL SUPÉRIEUR DE STATISTIQUE,

MEMBRE HONORAIRE DE LA SOCIÉTÉ ROYALE DE STATISTIQUE DE LONDRES,

MEMBRE DE L'INSTITUT INTERNATIONAL DE STATISTIQUE.

PARIS.

IMPRIMERIE NATIONALE.

M DCCC LXXXVII.

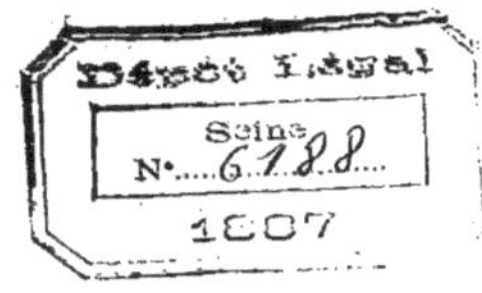

RAPPORT

PRÉSENTÉ

À LA COMMISSION PERMANENTE DE STATISTIQUE MUNICIPALE DE LA VILLE DE PARIS,

SUR

LES TRAVAUX DE L'INSTITUT INTERNATIONAL DE STATISTIQUE

(Session de Rome, avril 1887)

ET SUR

L'ORGANISATION DE LA DIRECTION GÉNÉRALE DE STATISTIQUE EN ITALIE

PAR M. LE DOCTEUR JACQUES BERTILLON,

CHEF DES TRAVAUX STATISTIQUES DE LA VILLE DE PARIS,
MEMBRE DU CONSEIL SUPÉRIEUR DE STATISTIQUE,
MEMBRE HONORAIRE DE LA SOCIÉTÉ ROYALE DE STATISTIQUE DE LONDRES,
MEMBRE DE L'INSTITUT INTERNATIONAL DE STATISTIQUE.

Messieurs,

Conformément à une décision de M. le Préfet de la Seine, j'ai pris part, comme représentant de la ville de Paris, aux travaux de l'Institut international de statistique pendant sa session de Rome, tenue du 12 au 17 avril dernier.

Vous connaissez, Messieurs, le but poursuivi par l'Institut international de statistique. Ainsi que je vous l'exposais dans un rapport lu dans notre séance du 30 juin 1885 [1], cette société internationale a été créée à Londres, le 24 juin 1885, au cours de la célébration du cinquantième anniversaire de la Société de statistique de Londres. C'est une société privée, qui ne comptera qu'un nombre de membres limité, et dont le but, aux termes de ses statuts, est « de favoriser le progrès de la statistique administrative et scientifique:

« 1° En recherchant et en recommandant les méthodes propres à obtenir, autant que possible, l'uniformité dans les cadres et dans le dépouillement des relevés de la statistique, afin de rendre comparables les résultats obtenus dans les différents pays;

[1] Voir le *Bulletin municipal officiel* de la ville de Paris, du 4 juillet 1885.

« 2° En appelant, par des vœux, l'attention des gouvernements sur des questions à résoudre par l'observation statistique;

« 3° En faisant des publications internationales destinées à élucider les questions de statistique et à établir des rapports permanents entre les statisticiens de tous les pays;

4° En concourant, s'il y a lieu, par d'autres publications, par l'enseignement et par divers moyens, à propager les notions de statistique et à intéresser les hommes d'État et les savants à l'exploration des faits sociaux. »

Les comparaisons internationales, qui sont toujours si intéressantes et si instructives, ne sont en effet possibles que si les différents pays s'entendent pour adopter des définitions comparables, des questionnaires à peu près semblables, des divisions identiques et enfin des méthodes aussi exactes et aussi sûres que possible.

Depuis très longtemps les statisticiens ont éprouvé la nécessité de cette entente internationale. Elle ne peut se produire que si les différents services établissent entre eux une correspondance suivie que la connaissance des personnes rend toujours plus féconde en même temps que plus agréable et plus intime. En outre, il est nécessaire que dans les conférences internationales ils échangent leurs idées, exposent et discutent le résultat de leurs recherches. C'est ce que Quetelet, le plus illustre des fondateurs de la statistique, avait compris dès 1851 ; grâce à ses efforts, grâce à ceux de son auguste élève le prince consort, le premier congrès de statistique s'est réuni à Bruxelles, en 1853. D'autres sessions se sont tenues successivement à Paris, à Vienne, à Londres, à Berlin, à Florence, à la Haye, à Saint-Pétersbourg, et enfin pour la dernière fois à Budapest, en 1876. Vous connaissez, Messieurs, les causes qui ont amené la fin de ces réunions si instructives et si fécondes, et il est inutile sans doute de les exposer ici. Mais il convient d'insister sur l'utilité de ces réunions : leurs procès-verbaux sont journellement consultés chaque fois qu'il faut formuler une définition, une nomenclature nouvelle; de plus, elles ont déterminé la publication d'ouvrages internationaux très précieux et très commodes. Qu'il me suffise de citer la statistique de la justice publiée par le ministère français de la justice, et la statistique des recensements publiée par la Suède. Aussi la proposition de faire revivre ces congrès si utiles et si laborieux a rencontré l'adhésion universelle. On a évité, dans la rédaction des statuts, les écueils contre lesquels les congrès de statistique avaient fini par sombrer, et l'essai fait à Rome de la nouvelle institution montre assez combien est satisfaisante sa probabilité de vie.

Aucune nation étrangère n'était représentée à la session de Rome par plus de membres que la France; il y faut voir une preuve de l'intérêt qu'excite chez nous la statistique, et de la sympathie particulière que nos concitoyens éprouvent pour la statistique italienne. Je montrerai un peu plus loin combien cette sympathie est justifiée par l'excellente organisation de la statistique d'Italie.

Parmi les membres de notre commission de statistique municipale, se trouvaient à Rome MM. Levasseur, Cheysson, Loua, délégués par divers ministères, et l'auteur du présent rapport, représentant de la ville de Paris. Nos autres compatriotes étaient MM. Léon Say, Léon Vacher, Gréard, Clément Juglar, de Foville, Yvernès.

Enfin deux statisticiens bien connus, M. Letort et M. Armand Liégeard, quoique ne faisant pas partie de l'Institut international, ont suivi avec assiduité ses travaux.

Parmi les membres étrangers, il convient de citer MM. les sénateurs Césare Correnti, Messedaglia, Boccardo; MM. les députés Ellena, Ferraris, Luzzati; MM. Pantaleoni, Perozzo, De Negri, Raseri, pour l'Italie; MM. Inama Sternegg, de Neumann Spallart, Keleti, Körösi, de Jekelfalussy, de Meltz, Max Wirth, pour l'Autriche-Hongrie; MM. Rawson, Palgrave, J. B. Martin, major Craigie, Mouat, Levi, Bateman, pour la Grande-Bretagne; MM. Engel, Lexis, Hasse, Étienne Laspeyres, Mayr, Adolphe Wagner, pour l'Allemagne; Dodge, pour les États-Unis; général Ibañez, pour l'Espagne; Broch, pour la Norvège; Marius Gad et Scharling, pour le Danemark; Kummer et Milliet, pour la Suisse; Jung Stilling (de Riga) et Troïnitzki, pour la Russie, etc.

Je résumerai plus loin les travaux du congrès, mais il convient de dire sans plus tarder quelle réception très flatteuse et très amicale lui a été faite par le Gouvernement italien. Le Ministre de l'agriculture, du commerce et de l'industrie, M. Grimaldi, a bien voulu ouvrir puis fermer la session par des discours où il a fait ressortir les services que la statistique scientifique rend à la bonne politique et à la bonne administration d'un pays. M. Magliani, ministre des finances, a assisté à plusieurs séances du congrès. Enfin LL. MM. le roi et la reine d'Italie ont daigné faire inviter les membres du congrès à leur table, et ont bien voulu connaître personnellement chacun d'eux.

La session a duré six jours, et a été très occupée : six heures de travail par jour, non compris le temps passé dans les sous-commissions; d'ailleurs peu de discours inutiles, peu de cérémonies d'apparat, peu de fêtes pittoresques; le bureau de l'Institut a voulu avant tout que la réunion fût laborieuse et fructueuse; cette pensée était celle de tous les sociétaires; aussi la proposition faite par M. Léon Say de prolonger les pouvoirs du bureau actuel a été accueillie par acclamation. Ce bureau se compose de sir Rawson W. Rawson, ancien président de la Société royale de statistique de Londres, président de l'Institut; de M. X. de Neumann Spallart (de Vienne), de qui émane la proposition de constituer l'Institut international, de notre collègue M. Levasseur (de l'Institut), vice-présidents; de M. Louis Bodio, le savant et zélé directeur général de la statistique italienne, secrétaire général, et enfin de M. John B. Martin (de Londres), trésorier.

Le congrès s'est terminé par une excursion à la grande usine métallurgique de Terni, établissement magnifique, de création très récente et mû tout entier par la force hydraulique de la cascade du Velino. L'usine a un marteau pilon de 100 tonnes, dont le pareil n'existe en Europe qu'au Creuzot. Nous avons tous admiré cette preuve vivante du développement industriel de l'Italie.

En dehors de ces témoignages officiels de la réception qui nous a été faite en Italie, nous devons mentionner l'accueil charmant des amis que nous y avons rencontrés, et qui nous étaient connus par leurs ouvrages sans qu'il nous eût été donné de les voir personnellement. Le souvenir de leur amitié est le plus doux de tous ceux que nous rapportons d'Italie.

Compte rendu des travaux du congrès.

Il me serait impossible de rendre compte, même sommairement, de tous les travaux lus au congrès.

Plusieurs d'entre eux n'étaient d'ailleurs destinés qu'à préparer des études et des discussions ultérieures : des commissions ont été nommées pour les étudier dans l'intervalle des sessions et pour préparer des projets de résolutions mûrement délibérés.

Je me bornerai donc à mentionner quelques-unes des lectures qui ne doivent donner lieu à aucun examen ultérieur; plusieurs d'entre elles se rapportent à l'étude de la mortalité et de ses causes à diverses époques; d'autres se rapportent à l'étude du bien-être de la population, et du budget de l'ouvrier. C'est à l'étude de ces deux questions que, limité par la place, je me bornerai.

M. le docteur Vacher, député de la Corrèze, dans un intéressant mémoire sur la « diminution de la mortalité depuis le siècle dernier », a montré que cette diminution de la mortalité paraît avoir été un fait général, et qu'on en trouve la preuve dans un grand nombre de pays. En France, la mortalité pour 1,000 vivants de tout âge était au siècle dernier (1770-1883), d'après Laplace et Condorcet, de 34, tandis qu'elle n'est plus aujourd'hui que de 22.

M. Vacher a trouvé, dans une commune de la Corrèze, que la mortalité en 1775-1790 était de 41, et elle n'y est plus aujourd'hui que de 24, en sorte que l'âge moyen des décédés est aujourd'hui de 36 ans, tandis qu'il n'était naguère que de 23 ans, chiffre qui ressemble beaucoup à celui que Moheau calculait à la même époque pour le Limousin. D'autres recherches ont montré que la mortalité s'était abaissée ainsi dans un grand nombre de régions de la France. Mais le même fait se retrouve ailleurs : en Suède, une statistique très bien tenue existe depuis 1740; or, au siècle dernier, on comptait 28 décès par an pour 1,000 vivants et aujourd'hui il n'y en a plus que 17, en sorte que la Suède est, avec la Norvège, le pays de l'Europe où la mortalité est à son minimum. En Italie, les documents du siècle dernier ne sont pas rares si on considère les grandes villes séparément; il est très difficile, au contraire, de trouver des renseignements pour l'ensemble de la population des anciens États. M. le docteur Raseri, chef du bureau de statistique sanitaire, a comparé les chiffres relatifs à l'ancien duché de Milan; la mortalité y était de 41 décès pour 1,000 habitants en 1774; elle n'est que de 28 aujourd'hui. A Rome même, la mortalité était, de 1794 à 1800, de 39 décès pour 1,000 vivants; elle n'est aujourd'hui (1880-1885) que de 27.

Je me bornerai à ces exemples. M. Vacher en a signalé plusieurs autres qui prouvent que partout où l'on trouve des chiffres anciens, on constate une diminution de la mortalité.

D'où vient cette heureuse décroissance? Faut-il l'attribuer, comme on l'a fait souvent, aux bienfaits de la Révolution française? Mais on la remarque en d'autres pays qu'en France et même dans les régions qui n'ont profité que tardivement de l'avènement des idées nouvelles. Faut-il attribuer la diminution de la mortalité aux progrès de la médecine? M. Vacher, qui est un médecin distingué, ne le croit pas. « En réalité, dit-il, on fait honneur à la médecine d'un résultat dont tout le mérite revient à l'hygiène; par exemple, quand on dit qu'en 1660, à l'Hôtel-Dieu de Paris, il mourait un quart des femmes en couches, tandis qu'aujourd'hui la mortalité n'atteint pas un vingtième, je réponds que la médecine n'a rien à voir dans ce résultat et qu'il a suffi de désencombrer le vieil Hôtel-Dieu, d'assainir les salles et d'isoler les malades pour diminuer la proportion des décès. Je ne fais de réserve que pour la vaccine », continue M. Vacher. En effet,

M. Bertillon père a montré, à l'aide de la statistique, l'étendue de ses bienfaits. En Suède, la variole causait jusqu'à 28 décès par an et par 10,000 habitants au siècle dernier (1749-1801); dès que la vaccine eut été introduite, répandue et rendue obligatoire, ce qui se fit en 1815, la variole ne causa plus que 1 décès au lieu de 28.

Une autre cause de la diminution de la mortalité a été le dessèchement des marais; en Hollande, dans les provinces marécageuses du Zeeland et du Zuid-Holland, la mortalité des enfants de moins de un an s'élève à 28 décès pour 100 naissances; elle n'est que de 12 dans les provinces du Limbourg et de la Drenthe, dont le sol est perméable et sec. M. Vacher a fait le relevé de la quantité de quinine consommée dans un canton un peu marécageux (2 hectares marécageux sur 1,000 hectares) de son département; il est arrivé au chiffre effrayant de 5,090 francs de quinine, qui résulte directement de son enquête. «En étendant le champ de mes recherches, dit-il, j'ai trouvé qu'en France et en Algérie il ne se consomme pas moins de 8 millions de quinine, et on peut évaluer à 25 millions le montant de celle qui se consomme dans toute l'Europe. C'est, au taux de 3 p. 0/0, un capital de près d'un milliard qui se trouve immobilisé et qui suffirait pour assainir tous les marais de l'Europe.» A la suite de la publication de l'*Atlas de la mortalité hollandaise*, le Gouvernement néerlandais a senti la nécessité de faire drainer les régions malsaines de la mer du Nord; la mortalité de cette région est descendue, à la suite de ces travaux, de 28 à 30 qu'elle atteignait auparavant, à 22 seulement.

Enfin, la liberté du commerce des grains à l'intérieur des pays et les grandes facilités de la circulation, en supprimant les famines, ont eu sur la mortalité une influence facile à démontrer. Non seulement les désastreuses années de famine ont été supprimées, mais encore la race est devenue plus forte et plus résistante, car les famines ont des effets lointains que M. Vacher a mis en lumière. Non seulement la famine de 1816-1817 a augmenté les décès et diminué les naissances, mais les enfants qui sont nés pendant cette funeste année ont été chétifs et mal constitués; lorsque, en 1837, vingt ans plus tard, ils se sont présentés au conseil de revision on a trouvé une proportion anormale d'exemptions par faiblesse ou vice de constitution.

C'est donc l'hygiène générale qui, en s'améliorant, a causé la diminution du nombre des décès; la statistique nous montre assez que de nouveaux progrès peuvent être faits dans cette voie; les Gouvernements pourront les faire quand ils voudront, en organisant l'hygiène publique.

M. Louis Bodio a confirmé les conclusions de M. Vacher. Il a montré les progrès réalisés en Italie depuis une vingtaine d'années. Sur 1,000 habitants en Italie, on a compté :

30.2 décès en 1866-1870,
30.1 décès en 1871-1875,
29.1 décès en 1876-1880,
27.1 décès en 1881-1885.

Le progrès a été constant, comme on voit, et pourtant les chiffres de la dernière période sont grossis par le choléra, qu'on doit considérer comme un événement anormal.

Étudions parallèlement quelques-uns des progrès de l'hygiène. La vaccine est largement répandue en Italie; sur 100 enfants nés vivants, il y en a en Italie 73 qui sont vaccinés, résultat assez satisfaisant si l'on songe que parmi les enfants nés, il en est un certain nombre qui meurent avant d'avoir pu être vaccinés; en Suède, la proportion des vaccinés s'élève à 80, en Angleterre à 86.

En Italie, le grand ennemi à vaincre est *la malaria*. Lorsqu'on traverse la maremme de Grosseto, notamment, on est surpris des grands efforts qui ont été faits pour le desséchement des marais; des travaux du même genre ont été entrepris dans d'autres provinces. En voici les résultats : sur 100,000 militaires italiens, mouraient par malaria :

En 1874-1876 50
En 1877-1879 43
En 1880-1882 30

Ces chiffres sont, certes, assez satisfaisants pour récompenser l'Italie des sacrifices qu'elle s'est imposés. Pour pouvoir mieux juger des progrès de l'hygiène, l'Administration italienne a organisé une vaste enquête sur les conditions sanitaires des communes, une statistique annuelle des causes de mort et une statistique sanitaire annuelle des hôpitaux dans toute l'étendue du royaume.

La conclusion de cette discussion a été la nécessité d'organiser fortement l'hygiène publique et de lui donner de puissants moyens d'action [1].

[1] L'organisation du service d'hygiène publique est, à l'heure qu'il est, un fait accompli. M. Crispi, ministre de l'intérieur, vient d'instituer une direction spéciale de la santé publique qu'il a confiée aux soins du célèbre hygiéniste, M. Louis Pagliani, professeur de l'Université de Turin.

M. Bodio a présenté trois tableaux graphiques qui comparent la mortalité par âge en Italie et dans plusieurs autres États de l'Europe; les courbes représentaient le nombre successif des survivants à chaque âge en partant d'une génération supposée de 100,000 naissances. Pour l'Italie, deux courbes étaient tracées : l'une, d'après le mouvement des trois années 1872, 1873, 1874; l'autre, d'après celui de la période 1882, 1883, 1884. On pouvait mesurer l'amélioration acquise dans l'espace de dix ans par la superposition des deux courbes : par exemple, à l'âge de 60 ans, le nombre des survivants était de 29 pour 100 naissances suivant la première courbe et de 33 suivant la plus récente.

M. Levasseur, notre éminent collègue, devait lire un travail se rattachant au même ordre d'idées : *L'état et les mouvements de la population française au XVIIIe siècle.* Le désir de laisser aux autres orateurs le temps de lire leurs travaux a déterminé M. Levasseur, vice-président de l'assemblée, à renoncer à son tour de parole.

L'analyse que je viens de faire des travaux de MM. Léon Vacher et Bodio, montre combien sont solidaires les unes des autres toutes les branches de la statistique : pour jeter la lumière sur la diminution de la mortalité, il est indispensable d'avoir des notions précises sur une autre question au moins aussi importante : celle du bien-être des peuples. Malheureusement il y a relativement peu de temps qu'on s'occupe de cette dernière étude.

M. Engel, ancien directeur de la statistique de Prusse, lui a consacré un intéressant travail. Cet ouvrage est intitulé : *La consommation comme mesure du bien-être des individus, des familles et des nations.* M. Engel a écrit, entre autres travaux importants, un ouvrage encore inédit sur *le mesurage du bien-être des peuples*, qui fait depuis trente ans déjà l'objet de ses réflexions. C'est sur la méthode employée dans cet ouvrage que porte sa communication :

Que faut-il pour mesurer bien et exactement, demande M. Engel? Il est indispensable :

1° Que l'objet à mesurer soit bien fixé, précisé ou défini;
2° Qu'il y ait une mesure reconnue pour le mesurer;
3° Que l'on sache se servir de cette mesure.

Or, M. Engel établit qu'aucun de ces trois points n'a été bien fixé par les auteurs.

Il faut tout d'abord définir exactement ce que l'on recherche, ce que l'on entend par les mots « *bien-être des peuples* ». Le bien-être (en allemand *wohlfahrt*, en anglais *welfare*, c'est-à-dire dans les deux langues « bon voyage » dans le cours de la vie) est bien défini par la déclaration des droits de l'homme : « le but de la société est le bonheur commun ; le gouvernement est institué pour garantir à l'homme la jouissance de ses droits naturels et imprescriptibles. » On distingue la *richesse*, l'*aisance*, la *pauvreté* et l'*indigence*, termes qu'il faut tout d'abord définir rigoureusement : celui qui a de quoi vivre commodément, dont les moyens suffisent sans interruption et régulièrement à faire face à ses besoins, se trouve dans l'*aisance;* celui qui a plus se trouve dans la *richesse;* celui qui a moins que le nécessaire, mais sans implorer le secours d'autres personnes, se trouve dans la *pauvreté* et celui qui ne peut pas satisfaire à ses besoins sans le secours d'autrui, se trouve dans l'*indigence.*

Le mesurage du bien-être dans un pays consiste à bien décrire le degré de fréquence des quatre situations ci-dessus définies, et à décrire exactement le budget des familles qui appartiennent à chacune d'entre elles.

Les auteurs ont varié beaucoup sur la méthode à employer. Un grand nombre d'entre eux ont voulu supputer le total de la fortune privée et publique d'une nation; M. Engel a cité notamment les remarquables recherches de M. de Foville et celles de M. le docteur Vacher, mais il ajoute qu'à son avis, la richesse d'un peuple n'est aucunement une manifestation indubitable de son bien-être, qu'il n'est même pas possible de la mesurer avec une exactitude quelque peu satisfaisante, et il justifie cette assertion qu'il juge un peu hardie en remarquant que les biens peuvent appartenir non seulement à des personnes physiques, mais aussi à des personnes morales (sociétés industrielles, État, autres communautés politiques, communautés religieuses); si l'on néglige cette distinction, on risque d'encombrer le résultat du mesurage de doubles et de triples emplois innombrables.

S'il est difficile de fixer le nombre des propriétaires, la quantité des biens n'est pas moins malaisée à déterminer. En effet les objets de valeur purement nominale (obligations et actions, lettres de change, chèques, etc.) sont presque aussi nombreux que ceux de valeur intrinsèque; or, on comprend qu'ils ne peuvent pas figurer dans des listes de richesse de fait puisque leurs gages y sont déjà représentés.

En outre, il y a des valeurs nominales qui ne sont pas fondées du tout sur des valeurs intrinsèques spéciales, et dont le fondement est seulement la force productive des habitants des pays en général. La nécessité de prendre ces objets également en considération rend le dénombrement des objets de valeur très compliqué. Mais ce n'est pas tout : les valeurs nominales étant des papiers d'une circulation extrêmement facile, elles sont répandues par le monde entier, et il y a souvent une distance considérable entre les gages et leurs représentants. Les limites des États n'en sont pas une barrière. Si l'on devait négliger ces valeurs complètement dans les inventaires, on trouverait les habitants des pays riches moins riches qu'ils ne le sont en réalité, parce qu'ils possèdent de préférence des valeurs nominales émises dans les pays aux finances faibles. Que les actifs et les passifs de chaque peuple soient enregistrés à leurs propres places, c'est demander l'impossible.

Ayant ainsi critiqué les essais d'évaluation de la fortune générale d'une nation, qui ont été faits par divers auteurs recommandables, M. Engel aboutit à cette conclusion que « ce serait chercher la quadrature du cercle que de vouloir mesurer le bien-être des peuples par la richesse. On sera toujours forcé d'avoir recours aux estimations les plus hardies dans lesquelles les milliards jouent le rôle de petite monnaie. »

Reste l'évaluation moins hypothétique de la richesse des individus considérés isolément. On peut évaluer cette richesse soit par le revenu, soit au contraire par la consommation.

La statistique du revenu est faite avec beaucoup de soin dans tous les pays où existe l'*income-tax*. Mais les comparaisons internationales des résultats de ce mesurage ne sont possibles que si les lois de l'impôt sur le revenu dans les pays qu'on veut comparer sont les mêmes ou à peu près les mêmes; or, cette concordance des lois n'existe pas. La consommation représente le bien-être d'une famille plus exactement encore que le revenu, car la consommation, c'est l'usage que les individus, les familles et les peuples font de leur revenu, c'est, en un mot, ce qui décide réellement de leur bien-être. De plus, la consommation peut être mesurée plus sûrement, plus facilement et plus vite que le revenu.

C'est ce que M. Engel s'efforce de démontrer en citant notamment les ouvrages de M. Ducpétiaux et de M. Leplay. Malheureusement leurs recherches ne s'étendent qu'aux classes qui vivent beaucoup plus dans la pauvreté et dans l'indigence, que dans l'aisance ou dans la richesse.

M. Engel a étendu cette même recherche à toutes les classes de la société en adressant un appel aux familles qui tiennent compte de leurs dépenses. Il a recueilli ainsi plusieurs milliers d'observations; les comptes de ces familles embrassent des dizaines et même des vingtaines d'années : chaque recette et chaque dépense, jusqu'à la moins importante, s'y trouve notée.

Le dépouillement de tous ces comptes a permis à M. Engel de dresser un tableau qui montre les quotités allouées aux différents ordres de dé-

[illegible] selon la grandeur des revenus, et le nombre et l'âge des membres de famille.

[illegible] tableau, outre son grand intérêt sociologique, pourra servir de guide [illegible] ménages mariées dans la répartition la plus avantageuse de l'argent dont [illegible] disposent pour l'entretien de leur ménage, étant donné le montant [illegible] somme et le nombre et l'âge des membres de la famille. Par la [illegible] des milliers de comptes de dépenses ainsi détaillés on sait aujourd'hui, au plus juste, quelles quotités de la somme totale exigent, dans des circonstances données, les dépenses pour la nourriture, l'habillement, l'habitation, le chauffage et l'éclairage, les soins hygiéniques, l'éducation morale [illegible] intellectuelle, la protection, la prévoyance, les récréations, etc. Ces [illegible] sont aucunement, sous tous les rapports, les mêmes. Au contraire [illegible] y rencontre de très grandes inégalités, mais des inégalités dont [illegible] que lois de nécessité. La quotité des dépenses de l'ordre physique [illegible] d'autant plus élevée que la somme totale à dépenser est moins considérable. Celle pour la nourriture seule s'élève, dans les comptes des [illegible] pauvres, jusqu'à 90 pour 100; dans les comptes des classes moyennes, elle est encore de 62 pour 100; dans les comptes des classes riches, elle [illegible] jusqu'à 20 pour 100 et même plus bas. Ce qui caractérise davantage [illegible] quotités, c'est que la qualité des subsistances que l'on se procure en dépensant jusqu'à 90 pour 100, reste, malgré cela, bien inférieure à celle des subsistances que l'on se procure en ne dépensant que 62 pour 100 ou moins. Ces faits, vérifiés mille et mille fois, confèrent à ces quotités le titre d'indicateur du bien-être, car il n'est pas difficile à concevoir que moins il reste pour faire face à tous les autres besoins de l'existence, plus une telle existence s'éloigne du bien-être.

[illegible] n'est pas toujours facile d'obtenir des comptes des recettes et des dépenses de famille, et en général ce ne sont pas les familles les moins aisées [illegible] notent régulièrement sans faute et pour toute l'année, ce qu'elles re[illegible] en argent et en produits naturels, et ce qu'elles dépensent. Mais il est beaucoup plus facile d'avoir des familles, de toutes classes de fortune, des renseignements exacts sur leur manière de vivre, sur la qualité, la quantité [illegible] prix de leurs aliments et boissons. Il suffit que des renseignements de cette nature embrassent quelques semaines, pour qu'ils répandent une vive lumière sur tout ce qui regarde le bien-être matériel des familles en question.

M. Engel termine son étude en remarquant que ce mode de mesurage du bien-être est entièrement du domaine de l'investigation privée; la statistique officielle ne sera même pas disposée à entreprendre de semblables recherches ; mais elles sont à la portée des particuliers. Il est désirable que les travaux qui pourront être faits dans ce sens aient un centre commun et que ce centre soit l'Institut international de statistique.

J'ai cru devoir analyser assez longuement le travail de M. Engel et autant que possible en conservant les expressions mêmes dont il s'est servi et je suis forcé de restreindre d'autant l'examen des travaux qui se rapportent au même objet : *L'alimentation en Hongrie, essai d'un nouveau système pour établir la statistique de la consommation nationale*, par M. Charles Keleti ; l'auteur a adressé à toutes les sections du cadastre, avec l'autorisation du ministre des finances, un questionnaire relatif aux consommations de ménage dans les divers groupes de population ; il cite et commente les résultats obtenus. M. le professeur de Neumann Spallart, de Vienne, a fort intéressé l'assemblée par un travail *sur la meilleure méthode pour apprécier l'état social et économique d'un pays à une époque déterminée;* cette lecture, accompagnée d'intéressants diagrammes, est tirée du célèbre ouvrage de cet auteur intitulé *Uebersichten der Weltwirthschaft*. Enfin, notre collègue M. Cheysson a lu le plan d'un ouvrage à faire sur *la monographie d'atelier*. Il faut encore citer, dans le même ordre d'idées, l'*Essai sur la consommation en Europe des excitants modernes : alcool, café, thé, cacao, sucre et tabac et sur les recettes des États par les impôts levés sur cette consommation*, par M. le professeur Broch, ancien ministre de Norvège, que nous avons depuis tant d'années le bonheur de posséder à Paris.

Les autres travaux lus en séance générale sont relatifs à la statistique financière (M. Luzzati), à la statistique des métaux précieux (M. Ferraris), à la statistique historique (M. Inama Sternegg).

Enfin des commissions internationales permanentes ont été désignées pour étudier la statistique des prix (rapporteur : M. Beaujon), celle de la propriété foncière (rapporteurs : major Craigie et M. A. de Foville) ; la statistique du travail (rapporteur : M. Giffen), la statistique commerciale (rapporteurs : MM. Caignon et Bateman) ; la bibliographie de la statistique (rapporteurs : sir Rawson W. Rawson et M. Maffeo Pantaleoni) et enfin la question toujours si difficile de l'unification des méthodes et des questionnaires relatifs au recensement (rapporteur : M. Körösi).

Tel est le tableau, d'ailleurs très succinct et incomplet, des travaux du congrès. Sur la proposition de M. Levasseur, et sur l'invitation de M. le Ministre du commerce et de l'industrie de France, il a été décidé que la prochaine réunion de l'Institut international de statistique aurait lieu à Paris, en 1889, dans la première quinzaine de septembre.

De l'organisation de la statistique en Italie.

Je terminerai ce rapport par une étude sommaire sur l'organisation de la statistique en Italie; j'y ai consacré un soin particulier, parce que, frappé de l'abondance des publications italiennes et de leur valeur exceptionnelle, j'étais curieux de savoir comment tant de renseignements intéressants étaient rassemblés, et quelles garanties d'exactitude ils présentaient. L'étude que j'en ai faite a dépassé tout ce que je pouvais attendre.

Les données statistiques peuvent être rassemblées par trois procédés différents, dont le premier est médiocre et marque un état inférieur de la statistique; le second est très préférable et le troisième est ce que l'on a trouvé de mieux pour obtenir des chiffres exacts. Ces trois états de la statistique sont les suivants:

1° Demander aux administrations élémentaires (commune, pour la plupart des statistiques; — tribunal, pour les statistiques judiciaires; — école, pour les statistiques scolaires, etc.) des états numériques annuels représentant le résultat de leurs opérations, en leur laissant le soin de remplir ces états comme elles l'entendent, puis coordonner ces états numériques dans un bureau central et les publier. Cette méthode imparfaite est celle qui est suivie pour la plupart des statistiques françaises, et notamment pour celle des mouvements de l'état civil, pour celle de la justice, etc. Nous montrerons plus loin pour quels motifs elle laisse beaucoup à désirer.

2° Demander aux administrations élémentaires des états numériques représentant les résultats de leurs opérations, *mais en leur imposant une méthode rigoureuse et uniforme pour remplir ces états statistiques,* c'est-à-dire en leur imposant de tenir un registre exclusivement statistique où chacun des faits observés est inscrit au moment même où il vient de se produire. Cette méthode, très supérieure à la précédente, est celle qui est employée en France pour la statistique de l'instruction primaire: chaque instituteur doit avoir un *registre d'appel* où la présence et l'absence des élèves est constatée jour par jour et nominativement. Lorsque la statistique scolaire est demandée, l'instituteur devrait n'avoir qu'un travail mécanique à faire pour la livrer; il lui suffirait d'additionner les unités marquées jour par jour sur son registre d'appel. La forme de ces registres étant imprimée et la même pour tous les instituteurs, l'uniformité des résultats est ainsi parfaitement assurée. De plus, ces registres devant être tenus au jour le jour et conservés par les instituteurs, le contrôle des chiffres est facile à établir. Cette seconde méthode est donc beaucoup plus sûre que la précédente.

3° Demander aux administrations élémentaires non pas des états numériques, mais des fiches dont chacune correspond à un fait statistique : décès, naissance, mariage, jugement, etc., puis dépouiller ces fiches au bureau central. Cette méthode est celle que nous avons adoptée pour la statistique des mouvements de population et des causes de décès à Paris. Elle est préférable à la précédente parce que l'uniformité des résultats et leur exactitude sont encore mieux assurées et aussi parce qu'elle permet au service central de varier ses travaux presque à l'infini, puisqu'il est toujours libre, après avoir rempli ses cadres ordinaires, de faire des recherches plus approfondies en développant et en modifiant ses cadres à son gré.

Le service de statistique d'Italie a usé successivement de ces trois méthodes : quelques exemples montreront comment il a été amené à passer de l'une à l'autre.

Statistique judiciaire. — La statistique judiciaire semble au premier abord devoir être, par sa nature même, toujours très exacte et très sûre : chaque jugement, chaque arrêt, étant consigné aussitôt que rendu, et donnant même lieu à des écritures très minutieusement tenues; en outre les définitions statistiques étant en pareille matière celles de la loi, et étant par conséquent très étudiées et très bien connues, il devrait être facile de donner du nombre de ces jugements et de leur nature un compte rendu statistique très exact. Malheureusement les magistrats ne comprennent pas toujours l'intérêt des recherches statistiques et l'expérience a prouvé qu'ils ne faisaient pas toujours avec tout le soin désirable le compte rendu statistique assez détaillé et assez laborieux à établir, qu'on leur demandait en fin d'année. Des recherches particulières ont montré des erreurs assez nombreuses, et on a dû se résoudre à modifier la méthode suivie. On passa du premier état ci-dessus désigné au deuxième état.

On résolut tout d'abord de demander des statistiques trimestrielles au lieu de statistiques annuelles. Le travail demandé chaque fois aux procureurs étant quatre fois moindre que précédemment, on pouvait déjà espérer qu'ils feraient ce travail plus faible avec plus de soin. De plus, on imposa aux greffiers la tenue quotidienne et régulière d'un registre analogue aux registres d'appel dont je parlais plus haut pour la statistique scolaire en France.

Les greffiers doivent *chaque jour* dépouiller sur ce registre les résultats de la journée au moyen d'un bâtonnet inscrit au lieu voulu dans les tableaux qui le composent. « Il est en ce moment 6 heures, me disait M. le docteur Auguste Bosco, sous-chef du bureau de la statistique judiciaire, si les préteurs ont rendu aujourd'hui mille jugements; ces jugements, à [illegible] qu'il est, sont marqués à leur place sur les registres statistiques [illegible] même chaque jour. Lorsqu'à la fin du trimestre, on [illegible] les résultats statistiques du trimestre, le travail sera pour ainsi dire [illegible] fait; il suffira de compter le nombre de bâtonnets inscrits dans chaque [illegible] des tableaux des registres, pour établir le tableau que nous deman[illegible]. De plus, l'exacte tenue de ces registres est facile à contrôler.

Ce qu'on a dit des préteurs, on pourrait le répéter pour les autres magis[illegible] pour les procureurs du roi, les juges d'instruction, les tribunaux correctionnels, les cours d'appel, etc.

[illegible] procédé et je présente à la Commission la collection complète [illegible] de tableaux insérés dans les registres : 1° des préteurs; 2° des [illegible] du ministère public; 3° des bureaux des juges d'instruction; 4° des [illegible] correctionnels; 5° des cours d'appel; 6° des sections d'accusés; [illegible] d'assises (1); 8° des cours de cassation. Chacune de ces branches [illegible] est astreinte à l'obligation de fournir des données statis[illegible] de les établir au moyen de registres statistiques tenus très exac[illegible] chaque jour.

Mais on veut essayer mieux encore et passer à l'usage de la troisième [illegible] celle que l'on juge la plus parfaite; on a résolu de l'essayer en ce [illegible] la statistique criminelle. Chaque accusé est l'objet d'une cédule [illegible] que je mets sous les yeux de la Commission. Ces cédules sur lesquelles sont inscrits tous les renseignements qui concernent les accusés [illegible] à la direction générale de la statistique au fur et à mesure [illegible] sont terminés et c'est là qu'elles seront dépouillées.

[illegible] dans lesquels nous sommes entré au sujet de la statistique [illegible] permettent d'apprécier les principes qui inspirent le directeur de la statistique d'Italie. Il regarde la première méthode (c'est elle qui est [illegible] exclusivement usitée par l'Administration française) comme une [illegible] imparfaite qui ne doit être employée que faute de mieux, mais [illegible] du peu de zèle d'un grand nombre d'employés, ne donne que [illegible] médiocres; la seconde, comme préférable; la troisième comme la meilleure de toutes, comme la seule qui donne des résultats [illegible] lorsque le directeur du bureau central est dévoué [illegible]

(1) Les registres et modèles relatifs à la statistique judiciaire pénale sont au nombre de 21. Chacun d'eux contient, avec de grands détails, l'indication des renseignements demandés. A titre d'exemple, nous reproduisons le registre journalier pour les arrêts des cours d'assises. Voir aux annexes, n° 1.

Nous allons à présent parcourir les différentes sections de la direction générale de la statistique; nous y verrons employer tantôt l'une, tantôt l'autre de ces trois méthodes, suivant les progrès plus ou moins grands qu'il a été possible de faire.

Population. — Le chef du bureau de la population est un jeune médecin, le docteur Raseri. Ce service se sert en partie de la deuxième méthode et en grande partie de la troisième méthode.

Chaque mois, toutes les communes d'Italie lui envoient : 1° un paquet contenant autant de cédules qu'il y a eu de mariages pendant le mois [1]; 2° un paquet contenant autant de cédules qu'il y a eu de décès [2]; 3° un bordereau indiquant le nombre de mariages, le nombre de décès survenus dans la commune [3] (ces nombres doivent coïncider avec le nombre de cédules) et indiquant aussi, avec tous les détails nécessaires, le nombre des naissances et celui des mort-nés. On voit que, en ce qui concerne les décès et les mariages, on se sert de la troisième méthode; en ce qui concerne les naissances et les mort-nés, de la seconde méthode. La première méthode, celle qui est usitée en France, sauf à Paris, n'est pas employée en Italie pour les mouvements de l'état civil.

Je présente à la Commission le modèle de ces cédules, et je fais à leur sujet deux remarques: tout d'abord la *cause du décès*, ce renseignement si important que nous n'avons en France que pour les grandes villes, est indiquée en Italie pour toutes les communes, même pour les plus petites; elle est certifiée par un médecin qui signe la cédule et qui est le plus souvent le médecin traitant. La seconde remarque, moins importante que la précédente, concerne le très petit format de ces cédules. Elles sont faites de façon à tenir aisément dans la main, ce qui en rend le dépouillement plus facile.

Voici, avec quelques détails, comment se fait le dépouillement des cédules. On commence par les compter de façon à voir si leur nombre coïncide avec le chiffre inscrit sur les bordereaux annexés. L'employé tient le paquet des cédules de la main gauche et de la main droite il saisit successivement chacune d'elles, et la dépose sur la table en la comptant; ensuite il regarde si toutes les questions ont reçu une réponse. Si les cédules sont incomplètes ou s'il manque quelques-unes d'entre elles, une lettre est adressée au maire de la commune. Cette première vérification faite, on envoie

(1) Voir aux annexes, n° 2.

(2) Voir aux annexes, n° 3. La couleur de ces cédules varie avec le sexe.

(3) Voir aux annexes, n° 4.

les bulletins à un jeune médecin, assistant à la clinique médicale de l'Université, pour qu'il choisisse parmi les 169 rubriques de la nomenclature italienne des maladies, celle qui convient à chaque cédule et qu'il inscrive sur la cédule le numéro correspondant à cette rubrique. Il peut ainsi numéroter 900 cédules en une heure.

Les cédules étant une fois numérotées, on réunit en un paquet celles qui contiennent les notices des décédés dans toutes les communes d'une même province et ensuite on les divise en trois paquets selon l'état civil (célibataires, mariés, veufs); puis chacun des trois paquets est divisé en paquets plus petits suivant l'âge des décédés, etc. Partout on procède par le système du classement reconnu préférable au dépouillement par pointage. J'ai assisté à cette opération, elle se fait avec une grande rapidité, ce qui tient en partie au format adopté pour les cédules, et en partie aussi à ce qu'elles sont imprimées sur un papier assez résistant.

On procède de même pour le dépouillement des bulletins de mariage.

Quant aux naissances et aux mort-nés, nous avons dit qu'ils ne sont pas représentés par des cédules individuelles. Les chiffres marqués sur les bordereaux mensuels concernant les mariages, les naissances et les décès de toutes les communes d'une même province sont additionnés (mentalement) pour former le mouvement de la population par mois et par province. Enfin on totalise les douze bordereaux mensuels relatifs à une même commune et on publie ainsi le mouvement annuel de la population de chaque commune.

Statistique des hôpitaux. — M. le docteur Raseri est également chargé de ce service. Chaque malade est représenté par une cédule individuelle dont je vous présente un exemplaire [1]. Au bout de chaque trimestre, chaque hôpital envoie à la direction de la statistique : 1° un paquet représentant tous les malades sortis (soit par décès, soit par *exeat*) pendant le trimestre; 2° un bordereau [2] indiquant le nombre des malades en traitement, le nombre des entrants, le nombre des décédés, le nombre des sorties par *exeat*. La nature et la durée de la maladie, la cause qui l'a déterminée (surtout pour les accidents), les complications survenues pendant la présence du malade dans l'hôpital et l'issue du traitement sont notées sur chaque cédule. Un médecin inscrit au crayon bleu le numéro correspondant de la nomenclature des maladies. Puis ces cédules sont comptées suivant

[1] Voir aux annexes, n° 5.
[2] Voir aux annexes, n° 6.

2

une méthode analogue à celle ci-dessus décrite pour les décès et pour les mariages.

Conditions hygiéniques et sanitaires du pays. — Cette belle enquête, dont les trois volumes que je vous présente contiennent les résultats, ne sera faite qu'à de rares intervalles. Elle constitue un monument des plus remarquables dont l'équivalent n'existe pas en France.

J'ai vu au moyen de quels documents elle a été élaborée. Fidèle à ses habitudes, la direction générale de la statistique a voulu travailler d'après les documents originaux eux-mêmes et non d'après les résumés plus ou moins fidèles faits par les intermédiaires. Elle a adressé aux communes un questionnaire détaillé que je mets sous vos yeux. Le questionnaire rempli a été envoyé par la commune au Conseil provincial de santé qui a examiné les notices de toutes les communes de la province et l'a expédié avec ses propres observations à la direction générale de la statistique chargée de de dépouiller tous ces envois et de les résumer.

Recensement décennal de la population. — Ce recensement s'est fait le 31 décembre 1881 en un seul jour au moyen de bulletins remplis par les chefs de ménage [(1)]. Ces bulletins étaient des feuilles de ménage dont je vous présente le modèle.

Toutes ces feuilles ont dû être revues au point de vue de l'exactitude par les syndics des communes. Puis les bureaux des communes ont recopié les notices des bulletins de ménage sur des fiches individuelles [(2)] et ont envoyé ces dernières à la direction générale de la statistique. C'est là qu'elles ont été dépouillées par un nombre assez élevé (environ 200) d'employés temporairement engagés pour ce travail.

Les bulletins de ménage ont été conservés par les Administrations communales qui s'en sont servi pour rectifier leurs registres d'*anagraphe* (registres de population).

Ainsi le recensement s'est fait en Italie comme en France en un seul jour et au moyen de feuilles remplies par les habitants. Mais tandis qu'en France, on demandait à la population à la fois des feuilles de ménage et des bulletins individuels, en Italie ces derniers ont été remplis par l'Administration. En outre (et c'est ce qui constitue la différence capitale entre les deux systèmes), en Italie c'est dans le service central que s'est fait le

(1) Voir aux annexes, n° 7.
(2) Voir aux annexes, n° 8.

dépouillement, tandis qu'en France il s'est fait dans les communes. Le dépouillement central a permis une uniformité que l'on ne peut pas espérer d'avoir obtenue en France.

Émigration. — La statistique si importante de l'émigration est une des plus difficiles à établir. La Direction italienne s'adresse à deux sources d'information : 1° aux communes des émigrants; 2° aux ports d'embarquement.

Chaque mois, les syndics doivent envoyer aux préfets une feuille que je vous présente et contenant l'indication des émigrants qui leur sont connus soit par une demande de passeport, soit par la notoriété publique. Ils doivent y marquer tous les individus partis pour un pays étranger, en indiquant si leur absence doit être provisoire ou définitive, dans quel pays ils veulent aller, par quel port doivent s'embarquer ceux qui veulent partir par mer, etc.

Les préfets doivent faire totaliser chaque trimestre les renseignements fournis par les communes, et adresser le tout (feuilles des communes et feuille récapitulative), à la Direction de statistique.

Mais il est facile de prévoir que les renseignements fournis par les syndics ne sont pas toujours complets. On les contrôle en partie au moyen des renseignements recueillis dans les ports d'embarquement. Nous avons dit qu'on demande aux syndics d'indiquer par quel port comptent s'embarquer ceux qui veulent traverser la mer. Beaucoup s'embarquent à Marseille, au Havre, à Anvers ou dans tout autre port étranger. Pour ceux-là aucun contrôle n'est possible. Mais beaucoup aussi partent par Gênes, Naples, ou tout autre port italien. On demande donc à ces ports de remplir chaque mois un formulaire que je vous présente, qu'il est relativement facile de remplir exactement et qui sert (en ce qui concerne les émigrants embarqués dans les ports italiens) à contrôler les affirmations des syndics[1].

[1] Le nombre des passeports délivrés ne peut pas représenter exactement le total des émigrants, attendu qu'on peut entrer dans les États limitrophes sans présenter un passeport et que, d'autre part, il y a des personnes qui se déplacent momentanément pour affaires, voyages d'étude ou d'agrément, et qui se munissent d'un passeport avant de quitter la frontière du royaume. Pour ces raisons, on pourrait penser que la statistique établie d'après les registres de passeport représente trop et trop peu en même temps, en ce sens qu'elle contient une partie des simples voyageurs et qu'elle ne comprend pas tous les émigrants. Mais il est facile de se convaincre que cette statistique doit se rapprocher beaucoup de la vérité parce que les passeports étant délivrés aux gens pauvres

Statistique des pensionnés civils et militaires. — Le règlement du 1er novembre 1883, fait pour l'exécution de la loi sur la caisse des pensions de l'État, ordonne que chaque année il soit fait une statistique du mouvement des employés civils et des militaires, en distinguant ceux qui sont entrés dans le service et ceux qui en sont sortis par la mort, par admission à la retraite définitive ou dans la position du service auxiliaire, par réforme, par révocation, par démission volontaire ou pour une autre raison.

C'est encore par le système des cédules individuelles qu'est établie cette statistique. Je vous présente le modèle de cette cédule; elle est divisée en deux parties : l'une donne tous les renseignements relatifs à l'employé lui-même, l'autre tous les renseignements relatifs à sa famille.

En vertu de la même loi, il doit être fait tous les cinq ans un recensement des fonctionnaires en activité de service et des fonctionnaires en retraite, avec indication de leur situation de famille. Il est presque inutile de dire que le dépouillement des bulletins individuels se fait aussi dans les bureaux de la Direction de statistique.

Statistique des sociétés de secours mutuels. — C'est par la même méthode que s'élabore la statistique des sociétés de secours mutuels. Outre qu'elle a un grand intérêt au point de vue social, puisqu'elle montre le progrès que fait librement et sans contrainte d'aucune espèce l'esprit de prévoyance et de mutualité dans le peuple italien, cette statistique a une grande importance au point de vue de l'hygiène publique puisqu'elle permet de calculer la fréquence et la durée des maladies que la statistique des causes de décès permet seulement d'évaluer approximativement.

Chaque société est invitée :

1° A remplir une cédule spéciale (dont je vous présente les modèles) pour chaque sociétaire [1], pour chaque veuve pensionnée par elle, pour

moyennant la taxe de 2 fr. 40 et aux gens aisés moyennant celle de 12 fr. 40, la statistique comprend seulement les premiers (à moins que les personnes aisées ne déclarent explicitement qu'elles comptent s'expatrier) et parce que la presque totalité des émigrants se compose de gens pauvres qui considèrent comme indispensable de se munir d'un papier qui les fasse reconnaître des autorités consulaires s'ils avaient besoin de solliciter leur protection. Du reste, pour ce qui concerne les directions du mouvement, on ne manque pas de contrôler les notices recueillies dans les communes d'origine et de les compléter au moyen des statistiques publiées dans les pays d'immigration (Plata, États-Unis, etc.).

[1] Voir aux annexes, n° 9.

chaque orphelin [1] et chaque orpheline pensionnés par elle. La couleur de la cédule et son contenu varient avec le sexe et avec la qualité du sociétaire ou du pensionnaire ;

2° A remplir trois formulaires [2] relatifs au nombre total et au mouvement (adhésions, démissions, décès) des sociétaires et des pensionnaires, à la situation financière et autres renseignements concernant les opérations de la société ;

Ce sont ces pièces originales qui sont transmises directement à la direction de statistique et qui sont dépouillées par ses soins.

3° A remplir deux formulaires relatifs aux institutions de prévoyance et de coopération (cuisines économiques, caisses de prêts mutuels, cercles ouvriers, bureaux de placement, etc.) qui peuvent être annexées aux sociétés de secours mutuels [3].

Les préfectures connaissent l'existence de toutes les sociétés de secours mutuels, comme de toute autre association organisée, par leurs fonctions de surveillance au point de vue de la sûreté publique. Les préfets ont donné au Ministre de l'agriculture et du commerce la liste nominative de toutes les sociétés de secours mutuels, avec l'indication de la commune où l'association a son siège et du nombre, du moins approximatif, des membres effectifs. D'après cette liste préliminaire la Direction de la statistique a fait la distribution des modèles à remplir et elle reçoit directement des sociétés les réponses et en fait le dépouillement. Malheureusement une partie considérable de ces associations, n'y étant pas forcées par une loi et par des sanctions pénales, ne se soucient pas de répondre et croient faire preuve d'indépendance vis-à-vis de l'autorité en se refusant, d'une manière passive, à fournir les renseignements demandés. La Direction connaît par les préfets l'existence de 5,255 sociétés de secours mutuels et le nombre de membres qui les composent; mais elle n'a de renseignements sur le patrimoine, les revenus et les dépenses, en ce qui concerne l'année 1887, que pour 3,277 d'entre elles; la publication qu'elle se propose de faire ne comprendra donc que les réponses déjà obtenues et celles qui arriveront avant la mise en pages du volume.

Statistique des assurances. — Chaque année la statistique italienne fait de

(1) Voir aux annexes, n° 10.

(2) Voir celui de ces trois modèles qui est plus spécialement relatif aux opérations et au mouvement financier des sociétés de secours mutuels, aux annexes, n° 11.

(3) Voir aux annexes, n°s 12 et 13.

nouveaux progrès, soit en perfectionnant ses méthodes, soit en élargissant le champ déjà si étendu de ses recherches.

La statistique si importante des assurances ne sera organisée que dans quelque temps. Dès à présent, les cadres qui doivent servir à l'organiser sont arrêtés; je vous les présente en manuscrit.

Les assurances dont la statistique sera établie sont : les assurances contre l'incendie; les assurances sur la vie; les assurances contre la grêle.

On s'adressera pour constituer cette statistique à deux sources d'information dont les résultats se prêteront à d'utiles comparaisons, ce sont : 1° les communes; 2° les sociétés d'assurances.

Pour en montrer le mécanisme, j'exposerai spécialement ce qui concerne les assurances sur l'incendie.

Aux communes on demande un bulletin individuel sur chaque incendie survenu dans la commune, soit que la propriété incendiée soit assurée, soit qu'elle ne le soit pas.

Aux sociétés d'assurances on demande un bulletin individuel sur chaque incendie, lorsque la propriété incendiée est assurée par cette société. Ce bulletin demandé aux sociétés est identique (à quelques mots près) au bulletin demandé aux communes [1].

Il existe de même deux bulletins presque identiques concernant la grêle : l'un, rempli par le syndic de la commune, contient les renseignements complets sur les ravages faits par la grêle; l'autre, rempli par les compagnies d'assurances, donne des renseignements sur les sinistres que le fléau a causés dans les propriétés assurées.

En ce qui concerne les assurances sur la vie, il n'existe qu'un seul bulletin individuel rempli par les compagnies d'assurances [2], parce que le travail similaire à exécuter par les communes est déjà fait au moyen des bulletins qui servent à établir la statistique des mouvements de l'état civil.

Œuvres pies (opere pie). — On appelle ainsi d'après la loi du 3 août 1862 toutes les fondations de bienfaisance, savoir : les bureaux de bienfaisance, caisses de prêts à l'agriculture, hospices, sociétés de patronage, sociétés charitables, monts-de-piété, etc. La statistique de leurs propriétés, de leur budget, des services qu'elles rendent aux pauvres, etc., est dressée au moyen des pièces originales elles-mêmes, telles qu'elles sont établies par les chefs de ces établissements. On leur envoie : 1° un questionnaire général; 2° un

[1] Voir aux annexes, n° 14.

[2] Voir aux annexes, n° 15.

questionnaire plus spécialement adapté à la nature de l'œuvre pie à laquelle on s'adresse. Je vous présente 22 modèles de questionnaires correspondant à 22 catégories d'œuvres pies[1]. Ce sont ces tableaux remplis qui retournent directement à la direction générale et qui servent à l'établissement de la statistique. On ne se contente donc pas des récapitulations faites par des employés intermédiaires, quelque distingué d'ailleurs que soit le titre du signataire de ces récapitulations. La direction de statistique veut voir par elle-même les pièces originales; elle veut n'avoir à affirmer que ce qu'elle a vu par elle-même.

Statistique de l'instruction publique. — Pour l'établir, la direction générale de statistique n'a encore recours qu'à la première méthode, celle que nous avons indiquée comme étant la moins parfaite des trois méthodes usitées en statistique.

1° Pour dresser la statistique de l'enseignement primaire public, les administrations communales demandent à chaque instituteur de remplir à la fin de l'année un tableau dont elles résument les chiffres. Elles expédient ce résumé à l'inspecteur scolaire qui, après l'avoir contrôlé, l'envoie à la direction générale de la statistique. Celle-ci n'a qu'à vérifier les résumés, à les comparer avec ceux de l'année précédente et à les publier. Pour les éclaircissements elle correspond directement avec les administrations communales et avec les inspecteurs[2].

De même pour les renseignements de la statistique des écoles privées, les autorités scolaires envoient au directeur de chaque école un tableau analogue à celui qui regarde les écoles communales. Les bureaux scolaires des provinces résument les chiffres recueillis et envoient à la direction générale de la statistique les tableaux originaux, ainsi que les tableaux récapitulatifs.

2° Des feuilles analogues sont remplies pour chaque établissement d'intruction secondaire (gymnase, lycée, école technique, etc.) et pour chaque établissement d'enseignement supérieur (universités, etc.). Je vous en présente la collection.

Statistique du budget des communes. — On envoie aux syndics par l'intermédiaire des préfets des tableaux à remplir; ces tableaux, remplis par les

(1) Voir aux annexes l'un de ces modèles donné à titre d'exemple (relatif aux prêts à l'agriculture) sous le n° 16.

(2) Voir aux annexes, n° 17.

soins des syndics, sont envoyés aux préfectures qui les totalisent, puis renvoyés avec le résumé de la préfecture à la direction générale, de telle façon que celle-ci possède toutes les pièces originales et tous les détails du budget.

Ces tableaux, remplis par les maires, sont relatifs au budget de chaque commune. Je vous présente le modèle de ces tableaux et vous verrez combien ils sont minutieusement détaillés.

Ici, comme dans tous ses travaux, la direction générale de statistique se montre soucieuse des détails, et ne s'en remet à personne pour les régler; elle veut, comme toujours, n'avoir à affirmer que ce qu'elle a vu par elle-même.

Statistique des dettes communales. — Tandis qu'en France la solvabilité des communes est l'objet d'une surveillance constante de l'Administration centrale et du Parlement, la loi italienne permet aux communes d'emprunter, d'hypothéquer et de vendre, lorsqu'elles ont l'autorisation de la délégation provinciale; le pouvoir central n'est donc pas comme en France informé exactement de l'état financier des communes. Cependant un questionnaire est adressé à ce sujet aux maires. Mais la direction de la statistique craignant que ses instructions et ses définitions ne soient pas toujours bien comprises par les communes, ne se contente pas de leurs rapports, elle exige communication de toutes les pièces[1], elle examine le texte des traités et des actes passés entre les communes et leurs bailleurs de fonds, et vérifie le travail des communes et, pour les emprunts en forme d'obligations négociables, elle établit directement d'après les documents originaux le taux de l'intérêt de l'emprunt sur la somme entrée dans la caisse de la commune. Le taux de l'intérêt effectif diffère de l'intérêt nominal à cause de la différence du prix d'émission des titres et des frais de commission aux entrepreneurs ou aux agents intermédiaires.

Statistique des dettes provinciales. — C'est par une méthode tout à fait analogue à la précédente que s'établit la statistique des dettes provinciales. Je vous présente les modèles usités; ils sont de tous points semblables à ceux usités pour les dettes communales. La seule différence est que ces tableaux, au lieu d'être remplis par les syndics, doivent être remplis par les préfets, en leur qualité de présidents de la députation provinciale, c'est-à-dire du pouvoir exécutif du conseil provincial.

Statistiques industrielles. — Les statistiques industrielles sont élaborées

[1] Voir aux annexes le modèle de l'une de ces pièces, n° 18.

avec le concours des administrations publiques, mais de telle sorte que les données élémentaires soient toujours puisées à la source, c'est-à-dire fournies par les producteurs eux-mêmes, et que ce soient leurs réponses textuelles, commentées au besoin par les administrations intermédiaires, qui arrivent au bureau central chargé de réunir et de contrôler les réponses provenant des différentes parties du royaume. Ainsi on demande directement au Ministère de la guerre les notices concernant la fabrication des pièces d'artillerie, des fusils, des cartouches et de tout le matériel qui a trait au service militaire de terre; au Ministère de la marine, celles qui concernent les arsenaux maritimes; au Ministère de l'intérieur, celles qui se rapportent au travail dans les prisons; au Ministère des finances, on demande les données sur la production du sel, du tabac, de l'alcool, de la poudre et des autres explosifs, et en général des produits assujettis à un impôt de fabrication. Les publications du Ministère des travaux publics donnent les renseignements sur les nouvelles lignes de chemins de fer et de tramways, sur le nombre de locomotives en service, sur l'agrandissement continu du réseau des routes ordinaires et des lignes télégraphiques, sur le progrès des recettes. Les publications du Ministère de l'agriculture donnent les notices sur la production agricole et forestière; sur l'élevage du bétail, sur les produits secondaires des animaux (laine, lait, beurre, fromage, etc.); les rapports des ingénieurs des mines fournissent toutes les informations dont on a besoin sur les mines, les carrières, les usines métallurgiques et chimiques, les gazomètres, les fours à briques, à chaux et à ciment, les verreries, etc. Enfin pour ce qui regarde les industries textiles et autres, telles que celles du papier, de la tannerie, des chapeaux, etc., on a d'abord recours aux chambres de commerce, et au besoin on s'adresse aux préfets, aux syndics (maires), aux vérificateurs des poids et mesures, aux ingénieurs de finances. Il va sans dire que le concours des particuliers est toujours le bien venu quel que soit le mobile qui les pousse à prêter leur collaboration. Naturellement la direction générale de la statistique se réserve toujours de juger de l'admissibilité et du degré de probabilité des notices qu'elle reçoit, quelle qu'en soit la provenance. Comme il pourrait arriver que des chiffres ou des notices originairement justes ou du moins admissibles ou explicables fussent rendus erronés ou moins clairs par les corrections mal entendues des personnes chargées de les recueillir et de les transmettre, on a grand soin d'exiger que les bureaux intermédiaires, tout en ajoutant, s'ils le croient utile, leurs observations, transmettent toujours les réponses des producteurs telles qu'elles leur sont parvenues.

Si des explications sont ensuite nécessaires, on a du moins l'avantage de pouvoir les demander sur les réponses originales, de plus ce mode de procéder empêche l'envoi de notices et chiffres sommaires insuffisamment contrôlés et ne représentant pas le véritable état des choses. Les imprimés pour l'inscription des renseignements sont transmis par la direction de la statistique. Les bureaux auxquels on les envoie n'ont qu'à les distribuer aux industriels, et à les retirer ensuite pour les récapituler sur d'autres imprimés de dimensions différentes, en ajoutant, s'il y a lieu, leurs observations.

Ces bureaux doivent enfin envoyer le tout à la direction générale de statistique, laquelle, après avoir vérifié si le travail de récapitulation est bien fait, restitue aux bureaux susdits les réponses des industriels.

Les formulaires employés pour l'établissement des statistiques industrielles varient avec le genre d'industrie; il y en a de différents pour 25 genres d'industrie[1]. Chacun de ces formulaires contient des questions sur les moteurs employés, leur nature, leur nombre, leur force, le nombre des broches (pour l'industrie textile) en activité, en non-activité; le nombre des ouvriers, leur sexe, leur âge (moins de 14 ans ou plus), le nombre des journées de travail, etc.

Ainsi, pour cette statistique si importante comme pour les autres, nous voyons la direction de statistique italienne demander les pièces originales elles-mêmes, de façon à n'avoir jamais à affirmer que ce qu'elle a compté elle-même. Cependant elle réclame aussi le concours des chambres de commerce non seulement pour la distribution des imprimés, mais aussi pour leur dépouillement, parce que les présidents des chambres de commerce seuls peuvent apprécier si les affirmations des chefs d'industrie ne s'éloignent pas notablement de la vérité.

Prix et salaires. — Cette méthode, qui consiste à puiser directement aux sources, de façon à pouvoir mieux les juger, est celle qui inspire constamment la direction générale de statistique. Aussi, pour établir la statistique des salaires, elle ne s'adresse pas, comme on fait en France, aux préfets, qui eux-mêmes s'adressent aux maires, qui enfin ne savent trop ce qu'on leur demande, et remplissent les tableaux sans renseignements suffisants. La direction italienne s'adresse directement à ceux qui possèdent les renseignements, c'est-à-dire à quelques industriels de la contrée, connus pour leur sincérité et leur intelligence; et elle leur demande, non pas en termes généraux, le salaire de leurs ouvriers (question très vague, puisqu'un mécanicien instruit et un manœuvre sont l'un et l'autre des ouvriers), mais ce

[1] Voir aux annexes, n° 19.

qu'ils payent à chaque catégorie d'ouvriers. Les données ainsi obtenues ne portent que sur quelques industries, mais sur ces industries elles sont exactes, parfaitement détaillées et parfaitement claires. Je vous présente la collection complète des imprimés employés pour établir cette statistique. Ces imprimés varient avec la nature de l'industrie pour laquelle on a voulu avoir des renseignements. Ces industries sont :

Modèle A. Les établissements mécaniques [1];

Modèle B. Les établissements métallurgiques et minéralurgiques;

Modèle C. Les chantiers de construction navale.

Des renseignements analogues sont recueillis pour les différentes branches des industries textiles, pour les tanneries, pour la fabrication du papier, pour la fabrication des produits chimiques, pour la fabrication du gaz, etc.

Ces questionnaires ressemblent tous, avec de légères différences, à celui que nous reproduisons dans les annexes. Ils sont adressés directement aux chefs d'industries en même temps qu'une lettre signée du Ministre, dans laquelle est expliqué le but scientifique et économique poursuivi par l'Administration.

Les questionnaires remplis par les chefs d'industries sont directement renvoyés au service de statistique et dépouillés par ses soins.

C'est à leur aide que M. Bodio a pu construire le très intéressant tableau qui suit et que je recommande à l'attention des économistes.

Après avoir fixé d'une part le prix de l'heure de travail dans trente industries principales, et d'autre part le prix du froment et du maïs, il trouve que, pour acheter un quintal de froment et un autre quintal de maïs, il fallait :

En 1862	330 heures de travail.
1863	280 —
1864	266 —
1865	259 —
1866	287 —
1867	341 —
1868	382 —
1869	245 —
1870	263 —
1871	304 —
1872	320 —

(1) Voir aux annexes, n° 20.

En 1873	320 heures de travail.	
1874	345	—
1875	234	—
1876	231	—
1877	272	—
1878	264	—
1879	252	—
1880	259	—
1881	206	—
1882	206	—
1883	180	—
1884	160	—
1885	153	—

Statistique des journaux. — Je vous présente les tableaux adressés aux préfets :

1° Pour leur demander la liste nominative des journaux et périodiques de toute espèce qui paraissent dans chaque commune, au 31 décembre de l'année où se fait l'enquête, et les détails qui les concernent (périodicité, matières traitées dans le journal, langue ou dialecte dans lequel il est rédigé, prix d'abonnement, etc.). Comme l'employé chargé de remplir ce tableau pourrait ne pas comprendre exactement la signification des rubriques, on demande qu'un numéro de chaque périodique soit joint à l'envoi de la préfecture de façon à pouvoir vérifier, pièces en main, l'exactitude de son travail. On voit quel soin la statistique italienne apporte à ne jamais affirmer que ce qu'elle a vu elle-même.

2° Pour leur demander la liste des journaux et périodiques de toute espèce qui ont été fondés et de ceux qui ont cessé de paraître pendant l'année où se fait l'enquête.

Statistique électorale. — Je vous présente les formulaires adressés, huit jours après les élections, aux préfets, pour leur demander le nombre des suffrages obtenus par chacun des candidats, et en outre une statistique des électeurs inscrits et des votants avec toutes les distinctions admises par la loi électorale de l'Italie.

Cartographie et statistique mathématique. — Il n'est aucun statisticien qui n'ait admiré le grand nombre de diagrammes et de représentations cartographiques et stéréographiques qui illustrent les publications italiennes. Elles sont l'œuvre d'une section spéciale dirigée par un ingénieur distingué que ses travaux sur la statistique ont fait connaître, M. Louis Perozzo. Les calculs si nombreux qui donnent à la statistique son intérêt théorique sont l'œuvre de cette même section. La règle à calcul et la machine Thomas (de Colmar) y sont perpétuellement en mouvement et abrègent considérablement les travaux.

Bibliothèque. — Une bibliothèque, distincte de la bibliothèque centrale du Ministère, complète le service. C'est parce que cette bibliothèque est indépendante de celle du Ministère, qu'elle s'accroît rapidement et sans frais.

En effet, le directeur général est plus facilement informé des publications nouvelles que ne pourrait l'être un bibliothécaire ordinaire; de plus, un bibliothécaire ne pourrait le plus souvent acquérir les publications nouvelles qu'en les payant, tandis que les relations personnelles du directeur de la statistique lui permettent de les acquérir tout simplement en les demandant, ou encore par voie d'échange. Enfin les livres sont mieux classés dans une bibliothèque statistique distincte, qu'ils ne pourraient l'être dans une bibliothèque administrative. La statistique formant une spécialité à laquelle certains lecteurs sont seuls à même de s'adresser, les documents collectionnés trouvent un emploi plus fréquent et plus commode lorsqu'ils sont dans une bibliothèque spéciale que lorsqu'ils sont disséminés dans une bibliothèque générale.

Publications. — Nous avons achevé d'exposer comment la statistique italienne élabore ses matériaux. Ses publications disent assez comment elle les utilise. Ces volumes étant dans toutes les mains, il serait inutile d'en donner ici une analyse que chacun peut faire aisément sans avoir pour cela à faire le voyage de Rome.

Je me contenterai donc d'en donner ici la liste. On peut les diviser en trois catégories suivant qu'elles sont :

I. Annuelles;

II. Périodiques, mais paraissant à des intervalles triennaux, quinquennaux ou décennaux;

III. Occasionnelles.

I.

PUBLICATIONS ANNUELLES.

1° Mouvement de l'état civil;

2° Statistique de l'émigration;

3° Statistique des causes de mort;

4° Mouvement des malades dans les hôpitaux;

5° Statistique judiciaire, civile et commerciale;

6° Statistique judiciaire pénale;

7° Statistique de l'enseignement élémentaire, secondaire, professionnel et supérieur;

8° Statistique du budget des communes, des provinces et des chambres de commerce;

9° Mouvement des employés de l'État, civils et militaires, en activité de service, et des pensionnés civils et militaires;

10° Statistique des prix des principales denrées alimentaires;

11° Annuaire statistique;

12° *Annali di statistica* qui contiennent les actes du conseil supérieur de statistique, les actes de la commission pour la statistique judiciaire, et travaux divers.

II.

PUBLICATIONS PÉRIODIQUES, MAIS PARAISSANT À DE PLUS GRANDS INTERVALLES.

1° Recensement général de la population du royaume (publication décennale),

2° Recensement des Italiens résidant à l'étranger (publication décennale);

3° Statistique de la production industrielle (décennale);

4° Statistique des salaires (triennale);

5° Statistique des œuvres pies (décennale);

6° Statistique électorale administrative (quinquennale);

7° Statistique des taxes communales (quinquennale);

8° Statistique du patrimoine et des dettes des communes et des provinces (triennale);

9° Recensement des employés en activité de service et des pensionnaires de l'État, civils et militaires (quinquennale);

10° Statistique des banques d'émission et des institutions de crédit, ordinaire, foncier et agraire (triennale);

11° Statistique des banques populaires (triennale);

12° Statistique des caisses d'épargne (triennale);

13° Statistique des sociétés de secours mutuels (quinquennale).

III.

PUBLICATIONS OCCASIONNELLES.

Il serait difficile d'en donner la liste complète, mais on doit citer :

1° Statistique politique;

2° Statistique des bibliothèques;

3° Statistique sur les conditions hygiéniques et sanitaires du pays, recherche très étendue et véritablement admirable qui vient d'être publiée, et que j'ai déjà eu occasion de citer plus haut.

Personnel. — Voici quelques renseignements sur le personnel qui produit les travaux dont on vient de voir une description succincte.

La direction générale de statistique (directeur général, M. Louis Bodio) dépend du Ministère de l'agriculture, de l'industrie et du commerce. Elle occupe, à elle seule, un petit palais situé place San Bernardo. Elle se compose de cinq bureaux, répartis en deux divisions :

Ire DIVISION. — Statistique démographique, administrative et judiciaire : chef, M. De Negri (Charles), avocat.

1er Bureau. — Statistique démographique et sanitaire. — Recensement décennal de la population. — Mouvement annuel de l'état civil. — Émigration. — Causes de mort. — Hôpitaux. — Conditions hygiéniques et sanitaires du pays. — Personnel sanitaire : chef, M. Raseri (Henri), docteur en médecine.

2e Bureau. — Statistique administrative et électorale. — Statistique de l'instruction publique. — Statistique des établissements charitables.

3e Bureau. — Statistique judiciaire civile et pénale : chef, M. Bosco, docteur en droit.

IIe DIVISION. — Statistique économique et financière ; chef, M. de Marchi (Lambert), ingénieur des mines.

1er Bureau. — Statistique industrielle. — Prix et salaires. — Cartographie et statistique mathématique.

2e *Bureau.* — Statistique des finances communales et provinciales. — Statistique des institutions de crédit et de prévoyance. — Annales de statistique. — Annuaire.

Les employés *de rôle*, c'est-à-dire tributaires de la caisse des retraites, de ce vaste service sont seulement au nombre de 27, dont la moitié possèdent un diplôme universitaire; sous leurs ordres travaillent 154 employés extraordinaires (dont le nombre est d'ailleurs variable).

Il convient de remarquer tout spécialement la sévère discipline qui gouverne le service de la statistique italienne: toute infraction, tout retard, toute négligence, toute erreur est punie d'une amende. Les employés sont traités à peu près comme ils le seraient dans l'industrie privée.

Je résumerai la description très courte que j'ai donnée de la statistique italienne, par les remarques suivantes : Tandis qu'en France, chaque ministère a son bureau de statistique particulier, en Italie, presque toutes les statistiques administratives sont dirigées par la même main, celle de M. Bodio. La statistique y gagne notamment une grande unité d'action, les cadres rentrant exactement les uns dans les autres, et se prêtant à un grand nombre de rapprochements et de comparaisons qui autrement ne seraient pas possibles, parce que chaque administration aurait ses définitions, ses méthodes, ses nomenclatures spéciales.

La direction générale de statistique se compose de bureaux dirigés par des hommes jeunes et actifs, qui ambitionnent pour la plupart d'entrer dans quelque carrière scientifique. Plusieurs des anciens collaborateurs de M. Bodio sont aujourd'hui professeurs de faculté ou occupent quelque fonction du même genre [1].

La direction générale de la statistique italienne estime que pour pouvoir affirmer l'exactitude d'un chiffre, il est nécessaire qu'elle l'ait élaboré et vérifié elle-même. Toutes les fois que cela est possible, elle exige que chaque fait, chaque objet, chaque individu destiné à être compté soit représenté par un bulletin individuel; les paquets de bulletins lui sont envoyés, puis sont vérifiés, classés, comptés par ses soins suivant des définitions bien précises et parfaitement connues des employés. Lorsque cela n'est pas possible (voir plus haut *statistique judiciaire*), elle exige la tenue quotidienne de registres exclusivement consacrés à la statistique.

[1] De ce nombre sont : MM. Ch. Ferraris, professeur ordinaire de statistique à l'Université de Padoue; Cusumano, professeur à l'Université de Palerme; Meschia, professeur à l'Université de Sienne, etc.

Dans d'autres cas, elle se fait envoyer toutes les pièces justificatives des chiffres (finances communales) sans se contenter même des travaux faits dans les préfectures. C'est seulement lorsque la production des pièces originales n'est pas possible en raison de difficultés spéciales, qu'elle se résigne à accepter des chiffres qu'elle n'a pas élaborés et vérifiés elle-même (statistique de l'instruction primaire) mais même dans ce cas, elle exige toutes les pièces élémentaires du travail sans se contenter de récapitulations faites par des intermédiaires.

Le budget propre de la direction générale de la statistique a été, pour l'année 1885-1886, de 624,000 francs (personnel et matériel compris). On calcule que, en Allemagne, il est trois fois plus élevé, même en proportion du nombre de la population. Le Gouvernement et le Parlement italien ont voulu que la statistique fût autonome et non parasite de chaque administration comme elle l'est en France. On peut faire de la statistique à bon marché, comme on peut faire de la météorologie ou de l'astronomie à bon marché. Seulement les données que l'on recueille à l'aide de mauvais thermomètres ou de mauvais théodolites, ou de mauvais documents, n'ont qu'une valeur toute relative, dont une administration sérieuse ne doit pas se contenter. On a reconnu cette vérité en ce qui concerne l'astronomie et la météorologie, par exemple; on la reconnaîtra aussi en ce qui concerne la statistique, car la question est de savoir si ce qui se passe dans le ciel est plus intéressant que ce qui se passe sur terre, dans les sociétés humaines.

Ces considérations ne nous écartent pas de la conclusion de ce rapport. Il vous a dit la réception très empressée et très flatteuse qui a été faite à Rome à quatre de vos collègues, dont l'un vous représentait officiellement; il vous a dit les travaux très nombreux et très variés entrepris par le Congrès; il vous a retracé enfin quelques-uns des enseignements qu'il nous a été donné de recueillir dans le palais de la place San Bernardo.

Je vous propose, Messieurs, de prier M. le Préfet de la Seine de vouloir bien faire parvenir jusqu'au Gouvernement italien l'expression de nos sentiments de reconnaissance pour l'accueil qu'il nous a réservé et pour les savants enseignements que nous avons recueillis grâce à sa très bienveillante hospitalité.

Le Chef des travaux statistiques de la ville de Paris,

Dr Jacques BERTILLON.

ANNEXES.

3.

ANNEXE N° I.

(Modèle de registre pour l'établissement de la statistique judiciaire pénale.)

[Les registres et modèles relatifs à la statistique judiciaire pénale sont au nombre de 21. A titre d'exemple, nous reproduisons le registre journalier pour les arrêts de cours d'assises. Ce registre se compose de feuilles ayant pour dimensions : horizontalement 90 centimètres et verticalement 30 centimètres. Les nécessités typographiques nous obligent à mettre en quatre pages (p. 40, 41 et intercalaire), ce qui se trouve dans l'original sur une seule feuille. En tête du registre se trouvent des instructions que nous reproduisons ci-dessous :]

COUR D'ASSISES
d

DISTRICT
DE LA COUR D'APPEL
d

REGISTRE VII A.

STATISTIQUE JUDICIAIRE. — AFFAIRES PÉNALES.

COURS D'ASSISES.

REGISTRE STATISTIQUE JOURNALIER
POUR LES JUGEMENTS.

Quinzaine commencée le , finie le 1887.

INSTRUCTIONS.

Section I. — Dans la colonne 1 on indiquera la qualité et le siège du tribunal qui a fait l'instruction.

Section II. — La colonne 2 est destinée à donner connaissance de la qualité du procès porté devant la Cour d'assises, c'est-à-dire si c'est au premier degré de jugement, par sentence de renvoi de la section d'accusation ou par citation directe du ministère public, ou si c'est par purge de contumace ou opposition à la sentence de contumace, ou si c'est par premier, second ou ultérieur renvoi à la suite de la sentence de la Cour de cassation qui annula un précédent jugement, ou si c'est par revision.

SECTION III. — Dans la colonne 3, on transcrira la date de l'acte d'introduction du procès devant la Cour, c'est-à-dire la date de la sentence de renvoi de la section d'accusation ou la date de la citation directe pour délits de presse, ou la date de la constitution volontaire ou de l'arrestation du contumax condamné à une peine criminelle, ou la date du recours pour opposition du condamné à une peine non criminelle, ou la date de la sentence d'annulation ou de revision de la Cour de cassation.

SECTION IV. — Le but de la colonne 4 est de vérifier combien de débats ont eu lieu avec l'intervention des jurés, et combien sans jurés, soit dans le cas d'une précédente sentence annulée par la Cour de cassation eu égard à la peine déjà infligée, soit dans le cas d'accusé par contumace.

Donc, selon les cas, on dira par exemple : *avec jurés*, — *sans jurés*.

Quand il s'agira d'accusés jugés par contumace, on indiquera s'ils étaient en état de liberté provisoire.

SECTION V. — Dans cette section, outre le nom et les prénoms, on devra enregistrer le surnom de l'accusé, s'il en a un; sa paternité ou maternité; le lieu d'origine; le domicile légal; le lieu et la durée de la dernière demeure ou résidence. Si dans les actes du procès on ne peut pas relever le lieu de naissance ou bien le domicile légal des accusés, on écrira : *inconnu*.

Lorsque le lieu de naissance est indiqué ou lorsque le lieu de domicile est connu, on indiquera, outre le nom de la commune, celui de la province à laquelle elle appartient. Ainsi, par exemple, on écrira : Carli Antoine, alias Zoppetto, de feu Marco et de Bagan Elena actuellement vivante, né à Macerata, province de Macerata, et légalement domicilié en cet endroit; résidant par raison de profession à Naples, province de Naples, depuis six mois avant l'arrestation.

Dans le cas où il s'agirait d'un crime pour lequel, antérieurement au jugement qui donne lieu à l'annotation dans ce registre, il y aurait déjà eu un autre jugement contre d'autres auteurs ou complices du même crime, on aura soin de le noter explicitement.

SECTION VI. — Cette section sert pour donner connaissance de la condition du procès des accusés à l'acte du débat; on indiquera si l'accusé a été laissé en liberté ou admis en liberté provisoire, détenu ou toujours caché, en indiquant si les admis en liberté provisoire étaient contumax.

SECTION VII. — Cette section sert pour donner des renseignements sur les qualités personnelles des accusés.

Il est bien entendu que tous ces renseignements devront se rapporter au moment où le crime a été commis.

Naissance. — Dans la colonne 7, on indiquera si l'accusé est fils légitime, illégitime ou reconnu.

Âge. — Dans la colonne 8, on inscrira le nombre des années accomplies sans tenir compte des mois, de manière que pour un accusé qui a 20 ans et 4 mois, on inscrira 20 ans.

État civil. — Dans la colonne 9, on dira si l'accusé est célibataire, s'il est marié ou veuf, avec ou sans enfants. On considérera comme célibataires les accusés qui ne sont liés que par le mariage religieux. Quand les accusés vivent en concubinage, on mettra une note spéciale.

Instruction. — Dans la colonne 10 on notera si l'accusé est illettré, ou s'il sait lire seulement, s'il sait lire et écrire, s'il a fait des études secondaires ou supérieures.

Condition économique. — Dans la colonne 11 on indiquera comme indigents les condamnés complètement dépourvus de moyens de subsistance, *comme médiocrement aisés*, ceux qui se trouvent *suffisamment* pourvus de moyens de subsistance par biens immeubles, revenus, commerce, industrie, profession, art, métier, emploi ou autres sources de gain ou de revenu. Pour déterminer le degré d'aisance, on tiendra compte des circonstances de famille et des conditions locales.

Profession ou occupation. — Dans la colonne 12, on indiquera la profession principale exercée habituellement, et si c'est en qualité de patron ou principal, ou bien de dépendant, salarié ou journalier.

SECTION VIII. — *Récidive.* — Dans les colonnes 13 à 17, il convient à peine d'indiquer que le total des colonnes 13 et 14 doit correspondre à celui des colonnes 15 à 17.

Quand un accusé n'est pas récidiviste, on devra écrire à travers les cinq colonnes, le mot : *Néant.*

SECTION IX. — Dans cette section, on donnera des renseignements des crimes selon l'acte d'accusation et selon le verdict ou la sentence.

Crimes selon l'acte d'accusation. — Dans la colonne 18, on transcrira les chefs d'accusation, lesquels sont énoncés dans la sentence de la section d'accusation en tenant compte des circonstances qui déterminent la nature du crime par lieu, temps et mode, et le qualifient selon le Code pénal. Par exemple : vol de nuit dans une maison habitée avec fausses clefs et effraction intérieure, accompli à Rome, rue du Corso, n° 94, le 4 juillet 1879; — faux en écritures publiques, acte notarié d'aliénation de biens immeubles, avec supposition de personne, accompli, etc.; — vol sur le grand chemin avec blessures constituant crime, et déprédation d'une somme de 800 livres, accompli, etc.; — homicide volontaire avec arme à feu, commis avec préméditation, etc.; — blessure volontaire avec arme insidieuse, suivie de mort dans les 40 jours, etc.; — infanticide par asphyxie commis par la mère sur un enfant illégitime, et ainsi de suite.

Crimes selon le verdict ou la sentence. — La colonne 19 sert pour la comparaison entre la qualification du crime telle qu'elle était formulée dans la sentence d'accusation et telle qu'elle fut retenue dans le verdict des jurés ou dans la sentence de la Cour en cas de contumace. On doit aussi noter toutes les variations que le jugement a subies, en les déduisant ou du verdict des jurés ou de la sentence par contumace.

Quand la qualification du crime reste la même, l'accusation ayant été entièrement accueillie, on écrit dans cette colonne : *conforme à l'accusation*, sans rien autre.

Si au contraire la qualification du crime retenue dans la sentence d'accusation a été entièrement changée, on mettra entre parenthèses (*changée*) et par dessous on écrira le nouveau titre. Par exemple si, dans la colonne 18, on trouve une accusation d'homicide qualifiée assassinat et que les jurés déclarent qu'il s'agit d'une blessure suivie de mort, on écrira dans cette colonne (*changée*) et dessous : Blessure suivie de mort, etc. De même on dira si l'accusation ayant dénoncé une association de malfaiteurs les jurés déclarent qu'il s'agit seulement d'un vol qualifié.

Si enfin la qualification du crime, restant la même que celle de la sentence d'accusation, est seulement modifiée de manière à en changer les effets pénals, on écrira entre parenthèses (*modifié*) et dessous on tiendra compte des nouvelles circonstances qui excusent ou modifient le cas. Si, par exemple, la qualification du crime est, selon l'accusation, homicide volontaire, et que les jurés déclarent qu'il y a excuse dans le motif, ivresse, etc., on écrira entre parenthèses (*modifié*) avec admission d'excuse dans le motif, ivresse, etc. Ainsi, quand pour un vol inscrit dans la colonne 18, comme ayant été commis la nuit dans une maison habitée avec fausses clefs et effractions intérieures, les jurés n'ont pas admis ces deux dernières circonstances, il sera noté dans la colonne 19 comme (*modifié*) et dessous on écrira : vol commis de nuit dans une maison habitée sans fausses clefs et sans effractions intérieures.

Si les accusés sont deux ou plus et que l'accusation soit admise pour tous, on écrira — conforme à l'accusation pour tous — et rien autre.

Si les accusés sont deux ou plus et que pour l'un l'accusation soit accueillie et que pour l'autre ou les autres elle soit modifiée ou variée, on en fera l'annotation, comme ci-dessus, pour chacun.

Section X. — Dans la colonne 20, on notera si des circonstances atténuantes *génériques* ont été accordées à l'accusé, c'est-à-dire si le verdict a été affirmatif sur la dernière question posée par le président.

Section XI. — La colonne 21 contiendra les principaux dispositifs de la sentence; dans le cas de condamnation on ajoutera la qualité et la quantité des peines infligées (principales et accessoires).

On indiquera si la cause a été jugée *contradictoirement* ou par *contumace*, et on notera aussi les cas dans lesquels le jugement a eu lieu par suite de renvoi de la Cour de cassation, pour la seule application de la peine.

Section XII. — Dans cette section, on donnera, pour les crimes de sang (homicide, empoisonnement, infanticide, blessures, etc.) des renseignements sur les *causes apparentes des crimes commis* dans les termes dictés par le président de la Cour.

Section XIII. — Dans la colonne 23, on inscrira la qualité et la valeur (calculée en argent) des choses qui furent l'objet du vol; vol sur les grands chemins ou autres crimes contre les propriétés, par exemple : objets précieux pour 6,000 francs, papier de crédit public pour 20,000 francs.

Dans les cas de crimes contre la bonne foi publique dans lesquels (comme dans les faux) la perte influe sur la pénalité, on notera celle qui résulte du crime, telle qu'elle a été liquidée en discussion publique, par exemple : faux en acte public, dommage fixé à 10,000 francs.

Section XV. — Dans la colonne 26, la durée du procès sera calculée à partir de la date de l'acte introductif du jugement devant la Cour, duquel il était question dans la colonne 3; par conséquent, dans les cas de purge de contumace, la durée compte du jour de l'arrestation ou de la constitution volontaire du contumax.

Sur cette feuille on inscrira les renseignements à la fin de chaque débat, en commençant par le premier de la quinzaine et en continuant sur la même feuille ou le même cahier; on fera les annotations relatives aux autres causes traitées jusqu'à la fin de la quinzaine, en tirant une ligne de division entre les renseignements d'un procès et ceux de l'autre.

Sur le présent frontispice on mettra le numéro d'ordre avant le mot : *quinzaine*.

Chaque quinzaine aussitôt terminée sera approuvée par Monsieur le président de la Cour d'assises, signée par le chancelier qui a assisté aux débats, et envoyée en original ou pour copie conforme à la Direction générale de statistique.

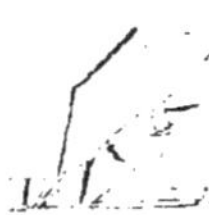

COUR D'ASSISES
d

DISTRICT DE LA COUR D'APPEL
d

Registre de statistique journalière

JUGE

I. TRIBUNAL qui a fait L'INSTRUCTION.	II. QUALITÉ DU PROCÈS. On indiquera si c'est au premier degré de juridiction, ou par purge de contumace, ou par opposition à la sentence de contumace, ou bien si c'est par premier, second ou ultérieur renvoi de la Cour de cassation, ou si c'est par revision.	III. ACTE D'INTRODUCTION du jugement devant la Cour. On transcrira la date de la sentence de renvoi de la section d'accusation ou la date de la citation directe pour les délits de presse, ou bien, la date de la constitution volontaire ou de l'arrestation du contumax condamné à une peine criminelle, ou la date du recours par opposition du condamné à une peine non criminelle, ou bien la date de la sentence d'annulation ou de revision de la cassation.	IV. DÉBAT. On indiquera s'il a eu lieu avec ou sans jurés.	V. NOMS, PRÉNOMS et autres QUALITÉS DES ACCUSÉS. Outre le nom et les prénoms, on écrira le surnom et on indiquera la commune d'origine, le domicile légal, la commune du domicile ou de la résidence au moment où le crime a été commis et la durée de la demeure ou résidence.	VI. CONDITIONS DU PROCÈS à l'acte du débat. On indiquera si les accusés furent toujours en liberté, mis en liberté provisoire, détenus ou toujours cachés, en indiquant si les admis à la liberté provisoire étaient contumax.
1	2	3	4	5	6

VII. — QUALITÉS PERSONNELLES.					VIII. — RÉCIDIVE.				
					CONDAMNÉS PRÉCÉDEMMENT				
Âge. On indiquera en chiffres les années accomplies	ÉTAT CIVIL. On indiquera si l'accusé est célibataire, ou s'il est marié ou veuf, avec ou sans enfants.	INSTRUCTION. On indiquera si l'accusé est illettré, s'il sait lire seulement ou écrire, ou s'il a fait des études secondaires ou supérieures.	CONDITION économique. On indiquera si l'accusé est indigent, s'il avait seulement le strict nécessaire pour vivre, s'il était médiocrement aisé ou s'il était aisé ou riche.	PROFESSION OU occupation. Indiquer la profession principale exercée habituellement par l'accusé, et s'il l'exerce en qualité de patron, principal, dépendant, salarié ou journalier.	pour crime.	pour délit.	pour le même crime.	Pour autres crimes prévus par le même chef ou titre du Code ou de la même loi spéciale.	pour crimes prévus par d'autres chefs ou titres du Code ou par une autre loi spéciale.
8	9	10	11	12	13	14	15	16	17

IX. — CRIMES CIRCONSTANCIÉS.		X.		XII.	XIII.	XIV.
Selon L'ACTE D'ACCUSATION. On transcrira le chef d'accusation formulé dans la sentence d'accusation ou dans la citation directe, en indiquant si le crime fut commis de jour ou de nuit, ou un jour de travail ou de fête selon les usages du pays, et si c'était un jour de foire ou de marché.	Selon LE VERDICT ou la sentence.	CIRCONSTANCES ATTÉNUANTES GÉNÉRIQUES. On indiquera si elles furent admises ou non.	XI. ISSUE DU JUGEMENT.	CAUSES APPARENTES du crime commis. On en tiendra compte dans les crimes contre la vie et l'intégrité personnelle seulement, ou dans ceux d'incendie; le renseignement est recommandé à la diligence du Président.	DOMMAGE IMMÉDIAT dérivant du crime. On notera la qualité et la valeur des choses qui furent l'objet de crimes contre les propriétés et la bonne foi publique.	DUR[...] de la PRISO[...] prévan[...] tive calcul[...] par anné[...] et mo[...] entier[...] du jo[...] de l'arresta-tion.
18	19	20	21	22	23	24

r les Cours d'assises.

REGISTRE VII A.

ANNÉE 1887.

ITS.

XV. DURÉE DU PROCÈS. (…lée par années … mois entiers.)		XVI. DURÉE de la DISCUSSION publique (calculée par jour.)	XVII. — RENSEIGNEMENTS VARIÉS.						XVIII. RENSEIGNEMENTS SPÉCIAUX EN CAS DE NOUVEAU JUGEMENT. Dans les cas d'un second ou ultérieur jugement par purge de contumace ou opposition à une sentence de contumace, ou bien pour renvoi de la Cour de cassation, on donnera les renseignements suivants.		OBSERVATIONS.
			TÉMOINS ENTENDUS			TÉMOINS ASSERMENTÉS					
…n- …t …n …	De l'acte introductif devant la Cour. (V. col. 3.)		à charge	à décharge	en vertu du pouvoir discrétionnaire du Président.	à charge	à décharge	en vertu du pouvoir discrétionnaire du Président.	Qualification du crime selon le verdict ou la sentence dans le précédent jugement.	Issue du jugement précédent. (Dispositif de la sentence indiquant la qualité et la durée des peines en cas de condamnation).	
	26	27	28	29	30	31	32	33	34	35	36

ANNEXE N° 2.

(Modèle du bulletin de mariage.)

Dimensions.... Horizontalement 0m,18. Verticalement 0m,095.

MODÈLE A.

MARIAGES. Année 188___.

Province de : ________ *Commune de :* ________

Arrondissement (ou district) de : ________ **Numéro d'ordre du registre :** ________

Date de la célébration du mariage : Mois ________ jour ________

De l'époux.	**De l'épouse.**
1. Nom et prénoms : ________	1. Nom et prénoms : ________
2. Profession ou condition : ________	2. Profession ou condition : ________
3. Lieu de domicile : ________	3. Lieu de domicile : ________
4. État civil (célibataire ou veuf). } ________ Veuf depuis le __ du mois de ______ 18__.	4. État civil (célibataire ou veuve). } ________ Veuve depuis le __ du mois de ______ 188__.
5. Date de la naissance : année ____ mois ____ jour ____.	5. Date de la naissance : année ____ mois ____ jour ____.
6. A-t-il signé l'acte de mariage? ______ (on répond par oui ou par non).	6. A-t-elle signé l'acte de mariage? ______ (on répond par oui ou par non).

En cas de mariage contracté entre consanguins, indiquer le degré de parenté. (Les mariages entre consanguins qui doivent être déclarés sont ceux contractés entre oncle et nièce, entre tante et neveu, ou entre cousins au premier degré, c'est-à-dire entre enfants de frères ou de sœurs.)

[Sur le verso de ce bulletin, se trouve l'explication suivante] :

Observation.

DEMANDE 2. — Indiquer le plus exactement possible la *profession* ou *condition*. Ainsi, par exemple, pour l'ouvrier on dira avec précision dans quelle industrie il est occupé.

MODÈLE B.

Dimensions.... { Horizontalement.... 0m,115
Verticalement...... 0m,175

ANNEXE N° 3.

(*Modèle du bulletin de décès.*)

DÉCÈS. (Masculins.)

Notices fournies par l'Officier de l'état civil.

*Année 188__. — Mois de*________________

*Commune de*________________. *Province de*

Numéro d'ordre du registre [1] :________________

1. Âge : (Pour les décédés âgés de plus d'un an, on dit le nombre des années accomplies; pour les enfants décédés au-dessous d'un an, on dit le nombre des mois, des jours ou des heures de vie.) { années :____ mois :____ jours :____ heures :____
2. État civil : (Célibataire, marié ou veuf.)________________
3. Profession ou condition [2] :________________
4. Si l'enfant avait moins de 5 ans, était-il { légitime ? [4]________ illégitime ou exposé? [4]________
5. Lieu où est survenu le décès [3] :________________
6. Avait-il dans la commune son domicile fixe?______ ou occasionnel?______

Signature de l'officier de l'état civil.

Certificat médical de la cause de mort.

Nom et prénoms du défunt :________________

Je déclare avoir visité le susnommé, âgé de
décédé [1]________le____du mois de________________
et, selon ma science et conscience, la cause de mort a été celle indiquée ci-dessous :________________

Mort naturelle... { Maladie primitive________________
Complications de la maladie ou accident terminal____

Mort violente (2). { Accidentelle [3]
Suicide [4]________________
Homicide________________

En foi de quoi________________
Signature :________________
Qualification : [5]________________
Domicile : Rue________________

[Au verso du précédent bulletin se trouve l'explication suivante :]

Avertissement pour l'Officier de l'état civil.

(1) Les enfants morts pendant le temps écoulé entre la naissance et la déclaration au bureau de l'état civil devront être compris dans les colonnes n° 1 (vivants) et n° 5 (morts), du tableau mensuel (Modèle C) et on établira pour eux le bulletin individuel de la cause de mort. Dans ce cas, on indiquera sur le bulletin le numéro d'ordre du registre des naissances. Ceux morts avant ou pendant l'accouchement seront seulement inscrits dans la colonne n° 2 (mort-nés), et on n'établira pas pour eux de bulletin individuel.

(2) Indiquer exactement la profession ou condition.
Pour les enfants au-dessous de 15 ans qui n'exercent pas de profession, on indique la profession ou condition du père.
Pour les orphelins au-dessous de 15 ans, on indique la profession ou la condition de l'époux survivant ou de la personne qui le nourrit.

(3) On indiquera si l'individu est mort à son domicile ou à celui d'une autre personne privée, ou dans une caserne, dans un couvent, dans un hôtel, dans un hôpital (en indiquant le genre d'hôpital, c'est-à-dire si c'est une maison de santé ou un établissement public, ou un hospice de vieillards, ou un orphelinat, etc.), ou en prison, ou à bord d'un navire, ou sur la voie publique, ou dans une rivière.

(4) On répondra par *oui* ou par *non* à chacune de ces demandes.

Instructions pour l'établissement du certificat médical.

(1) Si le médecin praticien ne croit pas devoir assumer la responsabilité de certifier le fait de la mort pour n'avoir pas vu le cadavre, il pourra insérer les mots : *Comme il m'a été dit.*

(2) Quand on ne peut certifier si la mort violente a été produite par homicide, par suicide ou par cause fortuite, on indiquera la cause supposée.

(3) En cas de mort accidentelle, indiquer si elle a été occasionnée par chute, par écrasement, par brûlures, par submersion, par empoisonnement, etc.

(4) En cas de suicide, indiquer le moyen employé, c'est-à-dire si c'est par arme à feu ou par instrument tranchant, par empoisonnement, par précipitation, par submersion, par pendaison, par écrasement sur la voie ferrée, etc.

(5) Médecin praticien, médecin nécroscope, expert judiciaire, directeur d'établissement sanitaire, sage-femme, etc.

ÉTAT MENSUEL

DES NAISSANCES,

DES MARIAGES ET DES DÉCÈS.

Dimensions : { Horizontalement .... 0m,48 / Verticalement ...... 0m,325 }

ANNE

(*Modèle d'état récapitulatif mensuel*

ÉTAT MENSUEL DES NAISSANCE

PROVINCE D

COMMUNE D

ANNÉE 188

Avertissement. — Pour la formation des petits tableaux compris dans le présent état mensuel, on doit tenir co Code civil) et non de ceux dressés dans une autre commune du royaume où à l'étranger et transmis seulement tique y apporteront la plus grande attention.

Le syndic aura soin d'envoyer régulièrement à la Préfecture le présent état mensuel, dans les trente jours qui

Période de temps.	1° Vivants. (Y compris ceux morts pendant le temps écoulé entre la naissance et la déclaration au bureau de l'état-civil et les vivants par accouchement multiple).												2° Mo (Comprendre les enfants morts avant même si l'accouchem					
	Légitimes.			Illégitimes reconnus par l'un des parents ou par les deux lors de l'acte de déclaration.			Exposés et illégitimes non reconnus par l'acte de déclaration.			Total des vivants.			Légitimes.			Illégitimes et exposés.		
	Masculins.	Féminins.	Total.	Masculins.	Féminins.	Total.	Masculins.	Féminins.	Total.	Masculins. (2+5+8)	Féminins. (3+6+9)	Total. (4+7+10)	Masculins.	Féminins.	Total.	Masculins.	Féminins.	Total.
1	2	3	4	5	6	7	8	9	10	11	12	13	14	15	16	17	18	19
Dans le mois.....																		
Dans les mois antérieurs.........																		
Total....																		

Période de temps.	4° Mariages (2). Nombre des mariages contractés				
	entre célibataires et filles.	entre célibataires et veuves.	entre veufs et filles.	entre veufs et veuves.	Total.
1	2	3	4	5	6
Dans le mois...					

Période de temps.	Célibataires.		
	Masculins.	Féminins.	Total.
1	2	3	4
Dans le mois.			

(1) Quand on constatera un cas d'accouchement quadruple on l'indiquera dans cette colonne en spécifiant le sexe de

(2) Le nombre des mariages indiqué dans ce tableau devra être égal au nombre des bulletins Modèle A, lesquel

(3) Les mort-nés ne devant pas être compris dans ce tableau, on n'établira pas de bulletin individuel pour eux, d transmis avec l'état mensuel au Ministère.

Vu et approuvé :

Les Membres de la Commission communale de statistique,

1. MODÈLE C.

ances, des mariages et des décès.)

S MARIAGES ET DES DÉCÈS.

RONDISSEMENT (OU DISTRICT) D .

IS D

EMENT des actes de l'état civil DRESSÉS dans la commune et de ceux transmis en original (art. 381, 396 et 400 du authentique (art. 96, 367, 368 et 397 du Code civil). LES SECRÉTAIRES COMMUNAUX et les COMMISSIONS DE STATIS-

L'EXPIRATION DU MOIS, accompagné des bulletins de MARIAGES et de DÉCÈS.

l'accouchement iple.) TOTAL es mort-nés.		3° NAISSANCES MULTIPLES. (Vivants et mort-nés par accouchement double ou triple bien qu'ils soient déjà répartis dans les 2 premiers tableaux.)													OBSERVATIONS (1).
		ACCOUCHEMENTS DOUBLES.						ACCOUCHEMENTS TRIPLES.							
		Nombre des accouchements.			Nombre des vivants par accouchements doubles.			Nombre des accouchements.				Nombre des vivants par accouchements triples.			
Féminins. (15+18)	TOTAL. (16+19)	1 masculin. 1 féminin.	2 masculins.	2 féminins.	Masculins.	Féminins.	TOTAL.	2 masculins. 1 féminin.	2 féminins. 1 masculin.	3 masculins.	3 féminins.	Masculins.	Féminins.	TOTAL.	
21	22	23	24	25	26	27	28	29	30	31	32	33	34	35	36

5° DÉCÈS (3).												
MARIÉS.			VEUFS.			INDIVIDUS dont l'état civil était inconnu.			TOTAL GÉNÉRAL.			
lins.	Féminins.	TOTAL.	Masculins.	Féminins.	TOTAL.	Masculins.	Féminins.	TOTAL.	Masculins (2+5+8+11).	Féminins. (3+6+9+12).	TOTAL (4+7+10+13).
	6	7	8	9	10	11	12	13	14	15	16

rt-nés.
t être transmis au Ministère avec l'état mensuel.
que le nombre des morts indiqué dans ce tableau devra être égal au nombre des bulletins qui seront

Vu et APPROUVÉ :

Le Syndic,

Dimensions...... { Horizontalement...... 0m 11 1/2
Verticalement........ 0m 20 }

MODÈLE A.

ANNEXE N° 5.

(*Modèle de bulletin individuel pour la statistique des hôpitaux.*)

*Commune d*______________. *Arrondissement d*______________

BULLETIN INDIVIDUEL POUR LES MALADES.

DÉNOMINATION DE L'ÉTABLISSEMENT.

____

Numéro de l'admission (1)__________. Section (2)__________

Nom et prénoms du malade ____________________

Sexe__________. Âge__________. État civil__________

Condition ou profession ____________________

Résidence (3) ____________________

Date de l'entrée : jour__________ mois__________ 188__

Diagnostic de la maladie____________________

____

____

Cause de la maladie (4)____________________

Opérations exécutées dans l'établissement____________________

________________ Sur quelle partie du corps ?__________

____________________ Quel jour? __________

Maladies survenues durant le séjour dans l'établissement (5).... } ____________________

____

Causes présumées des maladies survenues____________________

____

Issue de la maladie (6) ____________________

Date de la sortie : jour__________ mois __________ 188__

Cause de la mort déterminée (7) { sans autopsie ____________________
par autopsie ____________________ }

Combien de jours le malade a-t-il été soigné dans l'établissement ?______

Le malade était-il maintenu à ses frais ou à ceux de l'établissement, ou de la commune, ou d'une société ? (8) ____________________

____

Le Médecin directeur,

____

[Au verso du précédent bulletin, se trouve l'explication suivante :]

AVERTISSEMENT.

(1) Numéro correspondant à celui du registre des malades. Si un individu est admis plusieurs fois dans la même année à l'hôpital, un nouveau bulletin devra être dressé à chaque admission.

(2) On indiquera si le malade a été admis dans la section de médecine ou de chirurgie ou dans celle des enfants, etc.

(3) On indiquera si le malade était résident dans la même commune que celle de l'établissement, ou s'il a été amené d'une autre commune et quelle est cette commune.

(4) Par exemple, on indiquera si une lésion déterminée a été causée par un accident arrivé pendant le travail ou par tentative de suicide, ou par cause criminelle; si la maladie dépend manifestement d'une grave erreur contre l'hygiène ou si la cause en est ignorée.

(5) Par exemple, on dira si quelque maladie infectieuse a été transmise au malade par les autres malades soignés dans la même salle ou dans les salles voisines, ou par des personnes étrangères venues pour le visiter, si la gangrène nosocomiale s'est développée, etc.

(6) On indiquera si le malade est sorti guéri ou amélioré, ou sans amélioration, par transfert dans un autre établissement, ou par décès, selon l'issue de la maladie.

(7) On indiquera la cause probable ou directe de la mort.

(8) Ce dernier renseignement sera donné par le bureau administrateur de l'hôpital, en spécifiant si le malade payait une pension, ou si la dépense journalière était à la charge de l'hôpital même, ou d'une administration communale, ou d'une association (société ouvrière, caisse pour les invalides, société de secours mutuels), et de quelle société ou d'un bienfaiteur privé.

Dimensions............. { Horizontalement 0m,22
Verticalement 0m,16

ANNEXE N° 6.

(*Modèle de bulletin pour la statistique des hôpitaux.*)

COMMUNE d______ PROVINCE d______

Dénomination de l'établissement : ______

Mouvement général des malades pendant ______.

SEXE.	PRÉSENTS à L'ÉTABLISSEMENT au 1er ___ (c'est-à-dire restés à l'hôpital au 3___ pour continuer la cure dans___	ENTRÉS (VIVANTS) pendant ___	SORTIS VIVANTS.	SORTIS MORTS.	RESTÉS À L'HÔPITAL au 3___ pour continuer la cure dans___)	CADAVRES APPORTÉS à l'hôpital pendant ___ (1)
Masculins						
Féminins						
TOTAL.........						

(1) Les cadavres apportés ne doivent être compris ni parmi les entrés ni parmi les sortis par décès.

ANNEXE N° 7.

(Modèle de bulletin de famille pour le recensement de la population.)

TROISIÈME DÉNOMBREMENT GÉNÉRAL

DE LA POPULATION DU ROYAUME

à exécuter à la date du 31 décembre 1881, à minuit, conformément à la loi du 15 juillet 1881, n° 308. (Série III.)

BULLETIN DE FAMILLE.

[Ce bulletin de famille, dont la dimension totale est 36 cent. de haut et 60 cent. de large, se compose de 4 pages; les nécessités typographiques nous obligent à en modifier les dispositions : le contenu de la page 1 se trouve dans nos pages 52 et 53; le contenu des pages 2 et 3, dans nos pages 54 et 55; le contenu de la page 4, dans nos pages 56 et 57.]

(Avant de remplir le présent bulletin, lire les instructions suivantes.)

AVERTISSEMENTS GÉNÉRAUX.

Le chef de famille est invité à remplir le bulletin avec toutes les indications demandées.

Si l'espace ne suffisait pas pour inscrire toutes les personnes composant la famille (ou l'établissement) sur le présent bulletin, on ajouterait des feuilles intercalaires.

Un employé de la commune se rendra auprès de chaque famille pour retirer le bulletin. Le retrait des bulletins commencera le dimanche 1er janvier 1882.

Il est indispensable que le bulletin ait été dûment rempli dans la matinée de ce jour, afin d'éviter tout retard.

Si aucun des membres composant la famille ne sait écrire, le chef de cette famille peut faire remplir le bulletin par une personne possédant sa confiance; autrement le préposé au recensement a ordre de le remplir lui-même, en se reportant pour les renseignements à la date du 31 décembre 1881, à minuit.

EXPLICATIONS DES QUESTIONS.

PRÉSENTS.

Parmi les présents (partie supérieure du bulletin de famille) on inscrira aussi ceux qui, ayant été en voyage, ou s'étant trouvés occupés hors de l'habitation, dans les cafés, restaurants, etc., pendant la nuit, seront rentrés le matin du 1er janvier. Par conséquent, ceux-là ne devront pas être inscrits dans le bulletin de famille de l'hôtel, du café, etc., dans lesquels ils se trouvaient à minuit.

CONDITION, PROFESSION OU OCCUPATION.

Colonne 12. — On indiquera d'abord la condition de chacun, profession ou occupation qui lui donne la plus grande partie de ses moyens de subsistance, puis celle qui est pour lui de moindre importance. — Le *prêtre,* qu'il soit *maître d'école* ou ait une autre occupation, fera toujours mention de son caractère de prêtre.

On évitera les dénominations génériques. Il ne suffira pas de dire *négociant* ou *ouvrier,* mais on devra spécifier : négociant en fer, ou bien : ouvrier tisseur de laine, etc.

Les agriculteurs déclareront s'ils sont agriculteurs-propriétaires ou bien fermiers-partiaires, ou agriculteurs-fermiers, ou paysans, journaliers, etc. Ceux qui seraient exclusivement employés à l'élevage du bétail (*pâtres*) ou bien à la coupe des bois (*bûcherons*), ou à d'autres occupations plus ou moins en rapport avec l'agriculture, seront inscrits avec les dénominations spéciales correspondantes. Le propriétaire et le fermier non agriculteurs s'inscriront simplement comme *propriétaire* ou *fermier.*

Les *employés* devront dire s'ils dépendent de l'État, ou de la commune, de la province, d'une chambre de commerce ou d'un autre corps moral, ou d'un établissement public ou d'une administration privée.

Pour les *détenus* dans les maisons de correction ou de force, et pour les réfugiés dans les dépôts de mendicité, on indiquera la *profession* qu'ils exercent dans les lieux mêmes, en ajoutant le mot *emprisonné* ou *réfugié.* Pour ceux qui ne sont occupés à aucun travail, on dira simplement *emprisonnés* ou *réfugiés.*

Celui qui n'exerce aucune profession et qui ne possède aucun immeuble, et qui néanmoins vit de ses rentes, devra dire s'il est *capitaliste* ou *retraité*, selon les cas. On déclarera *propriétaire* celui qui possède des *terrains* ou des *maisons*. Les enfants et les jeunes gens qui vont à l'école seront désignés par les mots *écoliers* ou *étudiants*; les personnes qui vivent d'aumônes seront désignées par le mot *mendiants*.

Les femmes et les enfants d'un propriétaire ou capitaliste ne devront pas se déclarer propriétaires ou capitalistes s'ils ne possèdent des biens propres, comme quand, par exemple, la femme mariée a des biens dotaux ou extradotaux.

INFIRMITÉ.

Colonne 18. — Quant à l'infirmité d'esprit, on dira seulement si l'habitant est idiot de naissance, ou, comme on dit, crétin, sans prendre note dans le bulletin s'il est devenu fou dans le cours de son existence.

DOMICILE.

Colonnes 19 et *20*. — Le *domicile habituel* ou *occasionnel* (c'est-à-dire de *passage ou pour peu de temps*) se rapporte à la commune dans laquelle la personne se trouve à minuit le 31 décembre.

Les étudiants, les enfants en nourrice, les détenus non condamnés ont domicile *occasionnel* dans la commune où ils se trouvent, par le seul motif de leur condition. Les militaires *de passage ou pour peu de temps* dans la commune où ils sont détachés ou auprès de leurs familles respectives, sont considérés comme ayant leur *domicile habituel* dans la commune où se trouve le commandement du corps auquel ils appartiennent.

Les militaires en service sédentaire, les employés civils, les gens de service qui habitent avec la famille du patron, les infirmes dans les hôpitaux de chroniques, de fous, d'aveugles, les réfugiés dans les hospices de vieillards, les *condamnés* en prison ou en d'autres lieux de correction ou de force, quand ils auront à faire au moins six mois de détention, seront considérés comme ayant leur domicile *habituel* dans la commune où ils se trouvent.

PERSONNES SANS PROFESSION.

Colonne 21. — Pour les femmes qui ne s'occupent que des affaires domestiques, et pour les enfants qui n'exercent aucune profession, même s'ils vont à l'école, et en général pour ceux qui ne vivent ni de leurs rentes ni de leur propre travail, on indiquera dans la dernière colonne la condition ou profession du chef de famille ou de la personne qui pourvoit à leur subsistance.

ABSENCE.

Partie inférieure du bulletin. — On indiquera comme absentes de la famille les personnes que l'on présume devoir y retourner promptement. Les militaires en service actif, quand ils ne sont pas présents actuellement dans la famille, ne seront pas inscrits, même s'ils sont absents.

Ceux qui refuseraient de fournir les renseignements demandés dans le bulletin, ou qui altéreraien

NUMÉRO D'ORDRE DES PERSONNES.	NOM.	PRÉNOMS.	PATERNITÉ.	RELATION DE PARENTÉ avec le chef de la famille.	SEXE.		ÂGE.		ÉTAT CIVIL	INSTRUCTION.	
	Les personnes présentes doivent s'inscrire dans l'ordre suivant : le chef de la famille, l'épouse, les fils et les filles dans l'ordre d'âge, de l'aîné au plus jeune, et les familles respectives dans le même ordre; les autres parents; les domestiques; les hôtes; les pensionnaires. Les femmes mariées ou veuves doivent écrire le nom du mari.		On indiquera le nom du père, en le faisant précéder du mot *feu* si le père est mort. Les femmes mariées ou veuves doivent indiquer aussi le nom du père.	On dira si la personne est le chef de la famille, ou épouse, ou fils, ou père, ou frère, ou domestique, ou hôte, ou pensionnaire, etc.	MASCULIN. — (On l'indiquera par un M.)	FÉMININ. — (On l'indiquera par un F.)	ANNÉE de naissance. — (Pour ceux nés en 1881 on indiquera le mois.)	Nombre des années accomplies.	On dira s'il est célibataire, marié ou mariée, veuf ou veuve.	Sait-il lire?	Sait-il *écrire*?
	1	2	3	4	5	6	7	8	9	10	11

(On répond : oui ou non.)

Liste des membres de la famille, des gens de service, et de toutes les autres personn

1											
2											
3											
4											
5											
6											
7											
8											
9											
10											
11											
12											
13											
14											

Absents de la fami

1											
2											
3											
4											

Je déclare que les renseignements ci-dessus sont la pure vérité se

iemment la vérité, encourraient une amende de 50 fr. *(art. 5 de la loi du 15 juillet 1881.)*

CONDITION, PROFESSION ou OCCUPATION. Quand la même personne exerce deux professions simultanément ou alternativement on inscrira les deux.	La personne exerçant un commerce ou une industrie comme profession principale, dira si c'est en qualité de chef ou patron, commis ou employé, ouvrier, journalier, homme de peine.	POSSÈDE des terres? (On répond oui ou non.)	des constructions?	LIEU DE NAISSANCE. Si la personne est née dans une commune du royaume, elle indiquera le nom de cette commune. Si elle est née à l'étranger, elle indiquera le nom de l'État.	LES ÉTRANGERS doivent indiquer le nom du pays auquel ils appartiennent.	INFIRMITÉS. Dire si le recensé est aveugle, sourd-muet, ou crétin (idiot de naissance)	DOMICILE en cette COMMUNE. Habituel. (On répond oui ou non.)	Occasionnel.	CELUI QUI N'EXERCE aucune profession indique la condition ou profession de la personne qui le nourrit avec ses propres revenus ou avec son travail.
12	13	14	15	16	17	18	19	20	21

ÉSENTES **dans cette habitation à minuit du 31 décembre 1881.**

OÙ SE TROUVE L'ABSENT? EST-IL DANS LE ROYAUME? Dans la commune? (On répond oui ou non.)	Dans une autre commune?	S'IL EST à l'étranger, on indiquera l'État.

de la commune.

science et conscience.

Le Chef de famille *(signature).*

N° 1. — Tableau des renseignements relatifs aux maisons et aux habitations.

Commune de ______

Mandement de ______

Lettre ordinale et nom de la fraction ______

Numéro de la section ______

La maison est-elle comprise dans un centre ou dans une des sections des maisons éparses?............ ______

Nom de la paroisse........ ______

Nom de la rue ou place et numéro de la maison...... ______

Bulletin de famille n° ______

On dira s'il s'agit d'une famille ordinaire, ou bien d'un hôtel, caserne, collège, couvent, hospice, hôpital, etc., c'est-à-dire dans laquelle des sept catégories indiquées dans le modèle D *bis* annexé aux instructions ministérielles elle doit être rangée. ______

Nom et prénoms du chef de famille ______

Modèle d'u

Numéro d'ordre des personnes.	Nom.	Prénoms.	Paternité.		Relation de parenté ou motif de la cohabitation avec le chef de famille.	Sexe.		Âge.		État civil.	Instruction.	
						Masculin.	Féminin.	Année ou mois de naissance.	Nombre des années accomplies.		Sait-il lire?	Sait-il écrire?
	1	2	3		4	5	6	7	8	9	10	11
	Liste des membres de la famille, des gens de service et de toutes les autres personn											
1	Rinaldi.	Jean.	Feu	Augustin.	Chef de famille.	M.	—	1824.	57	Marié.	Oui.	Oui.
2	Rinaldi.	Émilie.	—	Louis.	Épouse.	—	F.	1835.	46	Mariée.	Oui.	Oui.
3	Bardelli.	Émilie.	—	Jean.	Fille.	—	F.	1864.	17	Mariée.	Oui.	Oui.
4	Rinaldi.	Eveline.	Feu	Eugène.	Belle-fille.	—	F.	1860.	21	Mariée.	Oui.	Oui.
5	Rinaldi.	Vincent.	Feu	Michel.	Oncle paternel.	M.	—	1805.	76	Veuf.	Oui.	Oui.
6	Bianchi.	Annunziata.	—	Mathieu.	Servante.	—	F.	1851.	30	Veuve.	Non.	Non.
7	Meyer.	Ernest.	—	César.	Pensionnaire.	M.	—	1849.	32	Célibataire	Oui.	Oui.
8	Prosperi.	Abbondio.	Feu	Gervais.	Hôte.	M.	—	1831.	50	Célibataire	Oui.	Oui.
	A											
1	Rinaldi.	Louis.	—	Jean.	Fils.	M.	—	1855.	26	Marié.	Oui.	Oui.
2	Rinaldi.	Émile.	—	Jean.	Fils.	M.	—	1862.	19	Célibataire	Oui.	Oui.
3	Rinaldi.	Henri.	—	Louis.	Neveu.	M.	—	Février.	—	Célibataire	Non.	Non.

COMBIEN DE CHAMBRES OU CABINETS OCCUPÉS?			
Sous-sol.	Rez-de-chaussée.	Aux étages au-dessus du rez-de-chaussée.	Mansardes.

On demande le nombre de chambres servant d'habitation. Dans ce nombre, on ne doit pas comprendre les boutiques, magasins, laboratoires, etc., à moins que ces locaux ne servent en même temps de lieux de repos durant la nuit. On comprendra parmi les chambres d'habitation la cuisine, mais pas la cave ni les mansardes qui ne sont pas agencées pour chambres à coucher.

La famille partage-t-elle l'habitation avec d'autres familles?.......... .....

N° 2. — Tableau résumé des personnes inscrites dans le bulletin, excepté celles qui sont absentes de la famille, mais qui se trouvent actuellement dans la commune.

		MASCULINS.	FÉMININS.	TOTAL.
Nombre des *présents*..........				
Nombre des présents avec domicile habituel..........				
Nombre des présents avec domicile occasionnel..........				
Nombre des absents de la commune.	présents dans une autre commune du royaume.			
	hors du royaume.....			

...tin rempli.

CONDITION, PROFESSION OU OCCUPATION.		POSSÈDE		LIEU DE NAISSANCE.	Les ÉTRANGERS devront indiquer le nom du pays auquel ils appartiennent.	INFIRMITÉS.	DOMICILE en cette commune.		CELUI QUI N'EXERCE aucune profession indique la condition ou la profession de la personne qui le nourrit avec ses propres revenus ou avec son travail.
...l la même personne exerce ...leux professions simultanément ...ı alternativement ...inscrira les deux.	Quand la personne exerce un commerce ou une industrie comme profession principale on dira si c'est en qualité de chef ou patron, commis ou employé, ouvrier, journalier, homme de peine.	des terres.	des constructions.	Si la personne est née dans une commune du royaume, on dira dans quelle commune. Si elle est née à l'étranger, on indiquera le nom de l'État.			Habituel.	Occasionnel.	
12	13	14	15	16	17	18	19	20	21
...ésentes en cette habitation à minuit du 31 décembre 1881.									
...urier.	Patron.	Non.	Oui.	Rome.	—	—	Oui.	—	—
...riétaire.	*Idem.*	Oui.	Non.	Pérouse.	—	—	Oui.	—	—
.	*Idem.*	Non.	Non.	Rome.	—	—	—	Oui.	Armurier.
.	*Idem.*	Non.	Non.	Civita-Vecchia.	—	—	Oui.	—	Nég. en étoffes.
...aité de l'État.	*Idem.*	Non.	Non.	Rome.	—	Aveugle	Oui.	—	—
...ante.	*Idem.*	Non.	Non.	Narni.	—	—	Oui.	—	—
...urier.	Ouvrier.	Non.	Non.	Essen en Prusse	Prusse.	—	Oui.	—	—
...re-maître d'école.	*Idem.*	Oui.	—	Viterbe.	—	—	Oui.	—	—
							OÙ SE TROUVE L'ABSENT? EST-IL dans le royaume? Dans cette commune?	Dans une autre commune? (On répond oui ou non.)	S'IL EST à l'étranger, on indiquera l'État.
...ociant en étoffes.	Com. voyageur.	Non.	Non.	Rome.	—	—	Oui.	—	—
...l[t] au collège mil.	—	Non.	Non.	Rome.	—	—	Non.	Oui.	—
...nt en nourrice.	—	Non.	Non.	Rome.	—	—	Non.	Oui.	—

Dimensions : { Horizontalement ..... 0^{m} 070
Verticalement. .... 0^{m} 133 }

ANNEXE N° 8.

(Modèle de bulletin individuel pour le recensement copié par l'employé sur le bulletin de famille.)

Arrondissement (ou district) ________ Commune ________ Fraction ________			N° D'ORDRE du bulletin de famille.
Nom et prénoms.			
Âge. Pour ceux nés en 1881. Mois accomplis.	Pour ceux nés avant 1881. Années accomplies.	ÉTAT CIVIL.	
Sait-il lire ? ________		Sait-il écrire ? ________	
Condition principale.			
Est-il patron ?			
Profession accessoire.			
Possède-t-il des terres ?		Possède-t-il des maisons ?	
S'il est né dans le royaume, dans quelle commune ?			
S'il est né à l'étranger, dans quel État ?			
A quel État appartient l'étranger ?			
Infirmité			
Profession qui le nourrit.			

Dimensions : Horizontalement. $0^{m},135$ Verticalement... $0^{m},23$

ANNEXE N° 9.

(Statistique des sociétés de secours mutuels.)

(Modèle de bulletin individuel dont chacun représente un associé.)

(a) ASSOCIÉS PRÉSENTS AU 31 DÉCEMBRE 1885, OU QUI ONT APPARTENU À LA SOCIÉTÉ pendant les années 1881-1885.

N° d'ordre. ______

CIRCONSCRIPTION : ______ *COMMUNE :* ______

Société ______

BULLETIN INDIVIDUEL.

1	Nom et prénoms :					
2	Année et mois de la naissance :					
3	Année et mois de l'admission :					
4	État civil :	Célibataire ___	Marié ___	Veuf ___		
5	Métier ou profession.	Principal				
		Accessoire				
6	Degré ou condition dans l'art :	Patron : ___	Directeur : ___	Surveillant : ___		
		Ouvrier : ___	Homme de peine : ___	Apprenti : ___		
7	Travaille habituellement :	Chez lui : ___	En usine : ___	A l'air libre : ___		
8	Si l'associé a perdu au cours des 5 années le droit au secours pour maladie, on indiquera pour combien de jours :					
9	Était retraité au 31 décembre 1885.	Année pendant laquelle il fut retraité : 18___.	Fut retraité	pour vieillesse : ___		
				pour incapacité de travail : ___		
		Pension annuelle en cours à la fin de 1885. Fr. : ___		pour accident professionnel : (1)		
10	Expulsion, démission ou retraite.	Année : ___	Mois : ___			
11	Date du décès.	Année : ___	Mois : ___	Cause de la mort selon la déclaration du médecin :	par accident professionnel : (1)	

(1) Cause de l'accident : ______

(a) Des instructions détaillées sont jointes à ce bulletin pour expliquer comment il doit être rempli.

[Au verso du bulletin précédent, se trouve le tableau suivant :]

12	Journées de maladie, pour chaque cas de maladie, et pour chaque année de la période quinquennale.

Numéro d'ordre de la maladie.	Année pendant laquelle est lieu le commencement de la maladie.	Journées de maladie. TOTAL des journées de maladie.	Journées de maladie. Journées de maladie avec secours.	INDICATION DE LA MALADIE selon la déclaration du médecin de la Société.	Par accident résultant du travail.
1	2	3	4	5	6
1.	188 ..				
2.	188 ..				
3.	188 ..				
4.	188 ..				
5.	188 ..				
6.	188 ..				
7.	188 ..				
8.	188 ..				
9.	188 ..				
10.	188 ..				
11.	188 ..				
12.	188 ..				
13.	188 ..				
14.	188 ..				
15.	188 ..				
16.	188 ..				
17.	188 ..				
18.	188 ..				
19.	188 ..				
20.	188 ..				

Journées de maladie pendant 1880 :

Journées de maladie pendant 1885 :

Dimensions : { Horizontalement..... $0^m,135$ / Verticalement....... $0^m,230$ }

ANNEXE N° 10.

(Statistique des sociétés de secours mutuels.)

[*Modèle de bulletin individuel dont chacun représente un orphelin pensionné. Un bulletin analogue à celui-ci, mais que nous ne reproduisons pas faute de place, est rédigé à l'usage des veuves pensionnées. Des instructions détaillées sont jointes à chacun de ces bulletins pour expliquer comment il doit être rempli.*]

(D) ORPHELINS PENSIONNÉS EXISTANT AU 31 DÉCEMBRE 1885.

N° d'ordre.

*CIRCONSCRIPTION*__________ *COMMUNE*__________

Société__________

BULLETIN INDIVIDUEL.

	1	Nom et prénoms.	
	2	Année et mois de la naissance.	
	3	Année et mois de la pension.	
	4	Pension annuelle en cours à la fin de 1885.	Fr. :
Notes relatives au père ou à la mère du retraité.	5	Art, métier ou profession qu'exerçait le père ou la mère.	
	6	Âge du père ou de la mère à la date du décès.	Depuis combien de temps appartenait-il à la Société ?
	7	Le père jouissait-il déjà de la pension ? — La mère jouissait-elle de la pension ?	Pour vieillesse : Pour incapacité : Pour cause d'accident : (1)

(1) Cause de l'accident__________

Dimensions.... { Horizontalement....... 0m,25
Verticalement......... 0m,37 }

MODÈLE N° 1.

ANNEXE N° 11.

(*Modèle de feuille de renseignements à fournir par chaque société de secours mutuels sur le but qu'elle poursuit, son organisation, ses finances et l'étendue des services qu'elle rend.*)

MINISTÈRE DE L'AGRICULTURE, DE L'INDUSTRIE ET DU COMMERCE.

DIRECTION GÉNÉRALE DE LA STATISTIQUE.

Statistique des sociétés de secours mutuels qui ont pour but de donner des secours ou des retraites dans les cas de maladie, incapacité de travail, vieillesse, chômage, etc.

RÈGLES FONDAMENTALES ET MOUVEMENT DES MEMBRES.

ÉTAT ET MOUVEMENT FINANCIER DE LA SOCIÉTÉ PENDANT L'ANNÉE 1886.

COMMUNE d________________ CIRCONSCRIPTION d________________

PROVINCE d________________

DÉNOMINATION DE LA SOCIÉTÉ

____

DATE DE LA FONDATION DE LA SOCIÉTÉ : ________________ 188__.

I. Les hommes seuls sont-ils admis comme membres ordinaires ? __________
Les femmes seulement ? __________ Les deux sexes ? __________

II. Quelles sont les limites d'âge pour l'admission des membres ? Minimum : __________ Maximum : __________

III. La société accorde-t-elle des secours en cas de maladie ? __________

IV. Combien de temps après l'admission dans la société un membre a-t-il droit à un secours pour maladie ?

V. Après combien de jours commence à courir le secours pour maladie ?

VI. A combien s'élève le secours journalier ?

VII. Vient-il ensuite à être réduit ? Après combien de temps ? A combien est-il réduit ?

VIII. A-t-on fixé un terme maximum après lequel le secours cesse ? Quel est ce terme ?

IX. La société tient-elle compte du nom et de la durée des maladies qui ont frappé les membres, quand ceux-ci n'avaient pas encore acquis le droit aux secours, ou l'avaient perdu momentanément ?

X. La société accorde-t-elle des secours pour incapacité momentanée de travail ?

XI. Accorde-t-elle des secours spéciaux aux membres frappés par un accident professionnel ?

XII. La société accorde-t-elle des secours aux membres inoccupés ? Dans quels cas ?

XIII. Accorde-t-elle une retraite pour incapacité permanente de travail ?

XIV. Après combien d'années d'admission dans la société est-il accordé une retraite aux membres devenus incapables par suite d'accident professionnel ?

XV. A combien s'élève-t-elle ? Dans quelles limites varie-t-elle ?

XVI. Après combien d'années d'admission dans la société une retraite est-elle accordée aux membres devenus incapables pour autres causes (maladies chroniques, etc.) ?

XVII. A combien s'élève-t-elle ? Dans quelles limites varie-t-elle ?

XVIII. La société accorde-t-elle une retraite pour vieillesse ?

XIX. A quel âge et après combien d'années d'admission dans la société un membre peut-il avoir droit à une retraite pour vieillesse ?

XX. Quand un certain nombre d'années de participation à la société n'est pas exigé, à quel âge peut-on avoir droit à une retraite ?

XXI. A quelle somme s'élève la retraite ? Varie-t-elle selon l'âge des membres ? Dans quelles limites varie-t-elle ?

XXII. La société accorde-t-elle des secours pour les dépenses funéraires ? Secours aux familles des membres défunts ? Secours aux membres en cas de mort d'un membre de leur famille ?

XXIII. Accorde-t-elle des secours spéciaux en cas de mort par accident professionnel ?

XXIV. Accorde-t-elle des pensions aux veuves et aux orphelins des membres ?

XXV. Après combien d'années d'admission d'un membre dans la société, une retraite est-elle accordée à la veuve et aux orphelins ?

XXVI. A combien s'élève la pension ? varie-t-elle, selon qu'il s'agit de la veuve ou des orphelins ? selon l'âge du membre à la date de son entrée dans la société et à la date de sa mort ? ou selon l'âge de la veuve et des orphelins ? ou selon les années de participation à la société du membre défunt ? ou selon les cotisations payées ? dans quelles limites varie-t-elle dans chacun de ces cas ?

XXVII. Quand cesse la pension aux veuves et aux orphelins ? pour quelles causes peut-elle cesser ?

XXVIII. La pension est-elle annuelle, mensuelle ou hebdomadaire ?

XXIX. La société accorde-t-elle des secours aux femmes en couches et pour les mois de nourrice ?

XXX. Accorde-t-elle des secours pour l'instruction ou bourses d'étude ?

XXXI. Fait-elle des prêts sur l'honneur aux membres de la société ?

XXXII. La société a-t-elle d'autre but que ce qui est indiqué ci-dessus ?

XXXIII. Si la cotisation d'admission des membres effectifs n'est pas distincte pour les fonds divers, quelle en est la quotité par sexe, âge et profession du membre admis, ou selon les autres conditions établies dans les statuts ou règlements ?

XXXIV. S'il y a une cotisation d'admission distincte pour les fonds divers, quelle en est la quotité par sexe, âge et profession du membre admis, ou selon les autres conditions établies dans les statuts ou règlements ?

XXXV. Quelle cotisation annuelle, mensuelle ou hebdomadaire paye le membre dans le cas où la société ne distingue pas les fonds divers ?

XXXVI. Quelle cotisation annuelle, mensuelle ou hebdomadaire, paye le membre aux fonds particuliers, quand ceux-ci sont distincts et que l'on paye des cotisations distinctes ?

XXXVII. Quand la société distingue les fonds divers seulement dans sa comptabilité, quel est le chiffre de la cotisation annuelle, mensuelle ou hebdomadaire, et comment est-elle répartie entre les divers fonds ?

XXXVIII. Mouvement des membres effectifs pendant l'année 1885 :

Nombre des membres effectifs			Masculins.	Féminins.	TOTAL.
	existant au 31 décembre 1884				
	admis ou réadmis pendant l'année 1885				
	qui ont cessé de faire partie de la société en 1885	par décès			
		pour autres causes.			
	existant au 31 décembre 1885				

XXXIX. État civil des membres effectifs existant au 31 décembre 1885 :

Hommes : Célibataires. . N. Mariés : N. Veufs : N.

Femmes : Célibataires. . N. Mariées : N. Veuves : N.

XL. État des inscriptions des membres effectifs aux fonds particuliers :

		FONDS UNIQUE pour tous LES OBJETS SOCIAUX.	FONDS SPÉCIAUX DISTINCTS SELON LEURS DIVERSES DESTINATIONS (1).						TOTAL.
Nombre des membres inscrits au 31 décembre 1885.....	Masculin..								
	Féminin..								

(1) Si la société a plusieurs fonds séparés, on les indiquera distinctement dans les colonnes réservées aux fonds particuliers dans l'ordre suivant : secours pour maladie; secours pour incapacité temporaire de travail; secours spéciaux aux membres frappés par un accident professionnel; secours aux membres inoccupés; pensions; secours pour les frais funéraires et secours aux familles des défunts; secours spéciaux en cas de mort par accident professionnel; pensions aux veuves et aux orphelins des membres; secours pour femmes en couches et mois de nourrice; secours d'instruction ou bourses d'études. S'il y avait encore d'autres espèces de fonds non compris parmi ceux indiqués ci-dessus, on les indiquera distinctement.

XLI. Combien y avait-il au 31 décembre 1885 de membres honoraires ?

Participants. Nombre ________ | Non participants. Nombre ________

XLII. Combien y avait-il au 31 décembre 1885 de membres effectifs qui, ayant droit à être secourus, avaient déclaré y renoncer ?________

XLIII. Secours pour maladies :

	Masculin.	Féminin.	TOTAL.
Nombre des membres secourus..........................			
Nombre des cas de maladie (1)..........................			
Nombre total des journées de secours payées...............			

(1) On entend par ces mots le nombre des déclarations de maladie adressées à la société par les membres qui ont demandé et obtenu des secours pour maladie.

XLIV. A combien de membres un secours extraordinaire pour maladie a-t-il été accordé ?

Hommes : ________ | Femmes : ________ | TOTAL : ________

XLV. Nombre des retraités :

		MEMBRES.			VEUVES.	ORPHELINS.			TOTAL.
		MASCULINS.	FÉMININS.	TOTAL.		MASCULINS.	FÉMININS.	TOTAL.	
Existant au 31 décembre 1884...									
Admis à la pension pendant 1885.									
Qui ont cessé de jouir de la pension pendant l'année 1885.	par décès .								
	pour autres causes ..								
Existant au 31 décembre 1885...									

XLVI. Mouvement économique de la société pendant l'année 1885 :

	FONDS UNIQUE pour tous LES OBJETS SOCIAUX.		FONDS SPÉCIAUX DISTINCTS SELON LES DIVERSES DESTINATIONS (1).												TOTAL.	
	fr.	c.	fr.	c.	fr.	c.	fr.	c.	fr.	c.	fr.	c.	fr.	c.	fr.	c.
I. — RECETTES DE L'ANNÉE 1885.																
a) Intérêts et autres rentes patrimoniales																
b) Dons et legs																
c) Cotisations d'admission des membres — effectifs																
c) Cotisations d'admission des membres — honoraires																
d) Contributions des membres — effectifs																
d) Contributions des membres — honoraires																
e) Amendes payées par les membres effectifs																
f) Profits divers																
TOTAL des recettes																
II. — DÉPENSES DE L'ANNÉE 1885.																
a) Administration — Loyer																
a) Administration — Personnel																
a) Administration — Autres dépenses — ordinaires																
a) Administration — Autres dépenses — extraordin.																
b) Assistance médicale																
c) Médicaments																
d) Secours pour maladie — ordinaires																
d) Secours pour maladie — extraordin.																
e) Secours pour incapacité temporaire de travail — ordinaires																
e) Secours pour incapacité temporaire de travail — extraordinaires																
f) Secours spéciaux aux membres frappés par accident professionnel — ordinaires																
f) Secours spéciaux aux membres frappés par accident professionnel — extraordinaires																
g) Secours aux membres inoccupés — ordinaires																
g) Secours aux membres inoccupés — extraordin.																
h) Pensions — pour incapacité permanente de travail																
h) Pensions — pour vieillesse																
i) Secours pour frais funéraires et secours aux familles des défunts																
k) Secours spéciaux en cas de mort par accident professionnel																
l) Pensions aux veuves et aux orphelins des membres																
m) Secours aux femmes en couches ou mois de nourrice																
n) Secours d'instruction ou bourses d'études																
o) Secours pour ...																
p) Secours pour ...																
q) Secours pour ...																
r) Divers — ordinaires																
r) Divers — extraordinaires																
TOTAL des dépenses																

(1) Si la société a plusieurs fonds séparés on indiquera distinctement dans les colonnes réservées aux fonds particuliers dans l'ordre suivant : secours pour maladie; secours pour incapacité temporaire de travail; secours spéciaux aux membres frappés par un accident professionnel; secours aux membres inoccupés; pensions; secours pour frais funéraires et secours aux familles des défunts; secours spéciaux en cas de décès par accident professionnel; pensions aux veuves et aux orphelins des membres; secours aux femmes en couches ou mois de nourrice; secours d'instruction ou bourses d'études. S'il y avait d'autres espèces de fonds non compris parmi ceux indiqués ci-dessus, on les indiquerait distinctement.

XLVI. (*Suite.*) Mouvement économique de la société pendant l'année 1885 :

III. — Patrimoine social au 31 décembre 1885.	Fonds unique pour tous les objets sociaux.		Fonds spéciaux distincts selon les divers objets (1).												Total.	
	fr.	c.	fr.	c.	fr.	c.	fr.	c.	fr.	c.	fr.	c.	fr.	c.	fr.	c.
A) Actif :																
a) Immeubles																
b) Meubles																
c) En dépôt à la caisse d'épargne, banque populaire ou autres institutions de crédit																
d) Rente italienne 5 et 3 p. o/o																
e) Valeurs de l'État ou garanties par l'État (2)																
f) Obligations des provinces et des communes et autres corps moraux (2)																
g) Titres et valeurs industriels																
h) Capitaux employés dans l'administration de la société susdite de secours mutuels																
i) Prêts hypothécaires à diverses personnes morales ou à des particuliers																
k) Prêts chirographaires à des personnes morales																
l) Créanciers chirographaires																
m) Espèces																
n) Divers																
Total de l'actif																
B) Passif																
Patrimoine net total																

(1) Si la société a plusieurs fonds séparés, on indiquera distinctement dans les colonnes réservées aux fonds particuliers dans l'ordre suivant : secours pour maladie; secours pour incapacité temporaire de travail; secours spéciaux aux membres frappés par un accident professionnel; secours aux membres inoccupés; pensions; secours pour frais funéraires et secours aux familles des défunts; secours spéciaux en cas de décès par accident professionnel; pensions aux veuves et aux orphelins des membres; secours aux femmes en couches ou mois de nourrice; secours d'instruction ou bourses d'études. S'il y avait d'autres espèces de fonds non compris parmi ceux indiqués ci-dessus, on les indiquerait distinctement.

(2) D'après leur cours à la fin de l'année 1885.

OBSERVATIONS.

(*On indiquera les remarques les plus importantes sur les diverses dépenses, et en outre toutes les données que l'on croira nécessaires pour la plus grande intelligence des renseignements demandés dans ce modèle.*)

Date : 188 .

Signé : , PRÉSIDENT.

, SECRÉTAIRE.

On est prié d'envoyer avec le modèle une copie des statuts sociaux, des règlements en vigueur et des budgets et comptes rendus des trois dernières années.

Dimensions.... { Horizontalement...... 0m,21 / Verticalement......... 0m,31 }

MODÈLE N° 3.

ANNEXE N° 12.

(Modèle de liste à remplir par chaque société de secours mutuels pour énumérer les institutions de prévoyance et de coopération qu'elle protège.)

MINISTÈRE DE L'AGRICULTURE, DE L'INDUSTRIE ET DU COMMERCE.

DIRECTION GÉNÉRALE DE LA STATISTIQUE.

STATISTIQUE
DES SOCIÉTÉS DE SECOURS MUTUELS.

INSTITUTIONS DE PRÉVOYANCE ET DE COOPÉRATION ATTACHÉES À LA SOCIÉTÉ ET PROTÉGÉES PAR ELLE AU 1er JANVIER 1886.

COMMUNE d ____________ CIRCONSCRIPTION d ____________

PROVINCE d ____________

DÉNOMINATION DE LA SOCIÉTÉ : ____________

____

1. Existe-t-il près la société d'autres institutions de prévoyance ou de coopération ayant quelques-unes des formes suivantes (en répondant indiquer le titre précis de l'institution) :

Magasins alimentaires? ____________

Cuisines économiques? ____________

Caisse de prêts entre les associés? ____________

Cercles ouvriers? ____________

Union pour la construction de maisons ouvrières? ____________

Caisse d'épargne? ____________

Bureau de placement pour le travail? ____________

Échantillons permanents des produits et travaux des associés? ____________

Union pour l'achat et la vente de machines ou instruments de travail? ____________

____

Sociétés pour l'achat et la vente des semailles, fumiers ou autres matières premières du travail?

Sociétés coopératives de production comme caves, laiteries, distilleries, associations ouvrières, etc?

Sociétés coopératives de travail pour affermir les entreprises, constructions, etc.?

Société coopérative de distribution pour la vente en commun des produits des membres?

Sociétés d'assurances contre les maladies du bétail?

Autres institutions? Quelles?

II. Parmi les institutions indiquées sous le n° 1, quelles sont celles constituées légalement comme sociétés coopératives conformément aux articles 221 à 228 du nouveau Code de commerce?

On est prié d'envoyer avec le modèle une copie des statuts sociaux des règlements en vigueur et des budgets et comptes rendus des trois dernières années.

Date 188 .

Signé : *Président.* *Secrétaire.*

Dimensions : Horizontalement ...... $0^m,21$; Verticalement ...... $0^m,32$

ANNEXE N° 13.

(Modèle de feuille de renseignements à fournir par chaque société de secours mutuels sur chacune des institutions de prévoyance et de coopération qu'elle protège.)

[STATISTIQUE DES SOCIÉTÉS DE SECOURS MUTUELS.]

INSTITUTIONS DE PRÉVOYANCE ET DE COOPÉRATION ATTACHÉES À LA SOCIÉTÉ OU PROTÉGÉES PAR ELLE.

(On fera un bulletin distinct pour chaque institution spéciale.)

NUMÉRO D'ORDRE.	CIRCONSCRIPTION .... COMMUNE ....
	SOCIÉTÉ ....
......	TITRE DE L'INSTITUTION. ....

1	Son administration et son patrimoine sont-ils indépendants de la société mère?	Lui est-elle unie? ....

2	Nombre de membres existant au 31 décembre 1884.	Nombre de membres admis ou réadmis en 1885.	Nombre de membres qui ont cessé de faire partie de la société pendant l'année 1885	Nombre de membres existant au 31 décembre 1885.

3	Comment le patrimoine a-t-il été originairement constitué?	Au moyen d'actions ordinaires?	Au moyen d'actions gratuites?
		Au moyen de donations ou legs?	Au moyen d'emprunts?
		Au moyen de rentes fournies par la société mère?	

4	Quelles sont les règles pour le remboursement des emprunts et pour la constitution du patrimoine? ....
5	S'il y a des actions, quelles sont les conditions de souscription et de versements? ....

	PATRIMOINE AU 31 DÉCEMBRE 1885.	MONTANT. fr.	c.
6	Actif................................		
	Passif................................		
	Patrimoine net................................		

7 Recettes et dépenses pendant l'année 1885. (1)

CLASSIFICATION DES RECETTES.	SOMMES.		CLASSIFICATION DES DÉPENSES.	SOMMES.	
	fr.	c.		fr.	c.

8 Comment sont distribués les profits spéciaux de l'institution? A quelle autre destination sont-ils dévolus?

9 On indiquera distinctement la répartition des profits obtenus par l'institution pendant 1885.

(1) Indiquer (si possible) les recettes et les dépenses distinctement par chapitre.

ANNEXE N° 14.

Statistique des assurances contre l'incendie.

(Modèle de cédule à remplir par les compagnies d'assurances.)

Nom de la Société d'assurance :

Province de Commune de

Date de l'incendie. Jour : mois : année 18 . Heure à laquelle eut lieu l'incendie :

Indication de l'objet frappé par le sinistre :

L'incendie a-t-il eu lieu en ville, dans un bourg ou à la campagne ?

	Édifice sinistré ou qui contenait des objets incendiés.		
Cause de l'incendie :	Construction.	Couverture.	Destination.
L'incendie fut il direct ou indirect ?			
Dans le cas d'objets mobiliers incendiés indiquer s'ils étaient à couvert : à découvert :			

	Risques industriels.					Risques civils, ruraux et divers.							
	Constructions.	Mobilier.	Matières premières et produits industriels.		Machines.	Constructions.		Mobilier.	Marchandises.		Produits agricoles.		Bétail.
			A couvert.	A découvert.		Urbaines.	Rurales.		A couvert.	A découvert.	A couvert.	A découvert.	
Valeur assurée. . . .													
Dédommagement . .													

En cas de risques industriels indiquer :

L'industrie exercée :

La nature des moteurs :

Le système de chauffage : et d'éclairage

(Les syndics des communes doivent remplir un modèle qui ne diffère de celui-ci que par la suppression des lignes « valeur assurée » et « dédommagement » qui sont remplacées par une ligne « valeur détruite ».)

Dimensions....... { Horizontalement... 0m,210 / Verticalement..... 0m,325 }

ANNEXE N° 15.

STATISTIQUE DES ASSURANCES SUR LA VIE.

(Modèle de cédule à remplir par les compagnies d'assurances.)

Nom de la Société :

Police n°

Résidence :

Profession :

DATE	ANNÉE	MOIS.	JOUR.	DATE DE L'OBSERVATION.
De la sortie......	18 ..			ÂGE À L'ENTRÉE.
De l'entrée......	18 ..			
De la naissance...	18 ..			ÂGE À LA SORTIE.

Cessation du contrat... { par décès : / par rachat ou autres causes : }

Commune où a eu lieu le décès :

Cause de la mort :

OBSERVATIONS :

BANQUES ET CAISSES DE PRÊTS

À L'AGRICULTURE.

Dimensions.. { Horizontalement 0m,85
{ Verticalement 0m,18

COMMUNE

d

ANNE

(Modèle de bulletin à re

BANQUES ET CAISSES

(EXERC

DÉNOMINATION des ŒUVRES PIES.	DIFFÉRENTES ESPÈCES EN HECTOLITRES																	
	EXISTANT AU 1er JANVIER				PRÊTÉES pendant l'année.		RENDUES pendant l'année.		EXISTANT AU 31 DÉCEMBRE									
	dans les magasins.	prêtées et non restituées.		TOTAL.					dans les magasins.	prêtées et non restituées.		dues à la banque à d'autres titres.		TOTAL.				
														Colonnes 10 et 12	Colonnes 11 et 13	D'un recouvrement certain.		diffi
	Hectolitres.	Nombre des prêts.	Hectolitres.	Hectolitres.	Nombre des prêts.	Hectolitres.	Nombre des prêts.	Hectolitres.	Hectolitres.	Nombre des prêts.	Hectolitres.	Nombre des prêts.	Hectolitres.	Nombre des prêts.	Hectolitres.	Nombre de prêts.	Hectolitres.	Nombre de prêts.
	1	2	3	4	5	6	7	8	9	10	11	12	13	14	15	16	17	18

6.

MODÈLE N° 26.

la statistique des œuvres pies.)

ÊTS À L'AGRICULTURE.

o.)

ARGENT EN FRANCS																			OBSERVATIONS.
…T AU 1er JANVIER			PRÊTÉ pendant l'année.		RENDU pendant l'année.		EXISTANT AU 31 DÉCEMBRE												
prêté et non restitué.		TOTAL.					dans la caisse de la banque.	prêté et non restitué.		dû à la banque à d'autres titres.		TOTAL.							
												Colonnes 29 et 31	Colonnes 30 et 32	Dont la restitution est certaine.		difficile pour cause d'insolvabilité de l'emprunteur.			
Nombre des prêts.	Francs.	Francs.	Nombre des prêts.	Francs.	Nombre des prêts.	Francs.	Francs.	Nombre des prêts.	Francs.	Nombre des prêts.	Francs.	Nombre des prêts.	Francs.	Nombre des prêts.	Francs.	Nombre des prêts.	Francs.		
21	22	23	24	25	26	27	28	29	30	31	32	33	34	35	36	37	38		

Dimension : { Horizontalement........ 0^{m},775
Verticalement........ 0^{m},585

Modèle A.

ANNEXE N° 17.

(*Modèle du tableau à remplir dans chaque commune.*)

(*L'imprimé que nous reproduisons ci-après est une feuille composée de quatre pages et dont les dimensions totales sont : horizontalement, 775 millimètres, et verticalement, 585 millimètres. Les nécessités typographiques nous obligent à modifier cet arrangement. Les pages 79, 80, 81, 82 et 83 contiennent ce qui, dans l'original, constitue la page 1 ; les pages 84, 85 et intercalaires contiennent ce qui, dans l'original, constitue les pages 2 et 3 ; enfin, les pages 86, 87 et 88 contiennent ce qui, dans l'original, constitue la page 4.*)

STATISTIQUE

DE L'ENSEIGNEMENT ÉLÉMENTAIRE.

ANNÉE SCOLAIRE 1885-1886.

N. B. On recommande de conserver dans les archives communales une copie du présent tableau statistique.

Province de

Circonscription de

Commune de

I. Renseignements sur les conditions générales de l'enseignement élémentaire dans la commune.

(Ces renseignements seront donnés par l'Inspecteur scolaire royal et sous sa responsabilité.)

1. L'enseignement obligatoire a-t-il été proclamé dans la commune? ______

   A-t-il été proclamé dans la commune entière, ou seulement dans une partie de la commune? ______

   S'il a été proclamé en partie, dans combien de fractions (y compris le chef-lieu) a-t-il été proclamé? ______

   Dans quelles fractions n'est-il pas encore proclamé? ______

   Combien manque-t-il d'instituteurs pour le proclamer dans ces fractions? ______

2. Y a-t-il des fractions qui n'aient aucune école régulièrement réglée selon la loi et classée par le Conseil provincial scolaire, mais dans lesquelles la commune maintient ou aide une école quelconque au service des habitants. (1) ______

   A combien s'élève le nombre de ces fractions? Quelles sont ces fractions? ______

3. Y a-t-il des fractions ou seulement des sections de population éparse, qui n'aient pas d'école, et qui, à cause de la distance, ne peuvent pas profiter des autres écoles situées dans la commune auxquelles elles appartiennent ou dans les communes limitrophes? ______

   Quelles sont ces fractions? ______

   De combien est approximativement la population présente de ces fractions ou sections sans écoles, selon le recensement de 1881? ______

4. Combien d'enfants de l'âge de 6 à 9 ans sont obligés de fréquenter l'école selon la liste annuelle? ______ { Combien de garçons? ______ Combien de filles? ______

5. Combien d'enfants fréquentent assidûment l'école? ______

   Combien ne la fréquentent pas? ______

   Pour quel motif? ______

6. Le système des amendes a-t-il été mis en exécution? ______

   Si oui, combien d'amendes a-t-il été appliqué? ______

(1) On est prié de fournir aussi des données sur les maîtres dans certaines écoles rurales de petites fractions ou bourgs, dans lesquelles on ne donne que les premiers éléments de l'instruction élémentaire inférieure, et qui, bien que non classées par le Conseil provincial scolaire, ni régulièrement ordonnées selon la loi, sont nonobstant entretenues ou aidées par la commune pour le service des habitants qui ne peuvent pas profiter des autres écoles.

7. La commune a-t-elle des maisons d'école construites expressément pour cet usage? Combien? ________

A-t-elle des maisons transformées expressément à usage d'école et combien?

Les écoles se trouvent-elles entièrement ou en partie dans d'autres locaux non construits ou transformés expressément pour cet usage? ________

8. Combien d'instituteurs ont été pourvus de logement en nature? ________

9. Recettes de la commune dérivant de legs en faveur de l'instruction élémentaire et administrés par la commune même (selon le budget de 1886)? ________

10. Dépenses de la commune (selon le budget de 1886).	Pour les écoles élémentaires.	Pour le personnel enseignant.	Appointements fixes aux enseignants dans les écoles diurnes ...... Fr.	
			Appointements et gratifications aux enseignants pour les écoles du soir et jours de fête .... Fr.	
			Autres dépenses pour le personnel.	
			Contributions de la commune au Mont pour les retraites...... Fr.	
		Pour le personnel domestique.	.... »	
		Pour loyers et séparations des locaux scolaires	..... »	
		Pour ameublement scolaire dans les écoles élémentres.	»	
		Pour papier, livres, etc., aux élèves pauvres	..... »	
	Pour les asiles enfantins.	Entretenus exclusivement par la commune	.... »	
		Seulement aidés par la commune	.... »	
			TOTAL........................	

L'Inspecteur scolaire royal,

II. Personnel dirigeant et enseignant dans

(Y compris le personnel enseignant des écol

GRADE DES ENSEIGNANTS.	ÉCOLES IRRÉGULIÈRES. (a) Enseignants. Masculin.	ÉCOLES IRRÉGULIÈRES. (a) Enseignants. Féminin.	ÉCO… ENSEIGNANTS DANS LES É… dans les classes préparatoires. Masculin.	dans les classes préparatoires. Féminin.	dans les classes et sections des cours inférieurs. Masculins. Masculin.	dans les classes et sections des cours inférieurs. Masculins. Féminin.	dans les classes et sections des cours inférieurs. Féminin.	dans les classes et sections des cours inférieurs. Mixtes. Masculin.	dans les classes et sections des cours inférieurs. Mixtes. Féminin.	dans les classes du cours supérieur. Masculin.	dans les classes du cours supérieur. Féminin.	TOTAL des enseignants … d'école, à charge de la commune. Masculin	TOTAL des enseignants … d'école, à charge de la commune. Féminin.	d'éc… de… fond… charit… dégagé… obligat… de l… commu… Masculin
1	2	3	4	5	6	7	8	9	10	11	12	13	14	15
Instituteurs. . avec patente supérieure.														
— inférieure.														
sans patente.														
TOTAL..........														
Suppléants et sous-maîtres. avec patente supérieure.														
— inférieure.														
sans patente.														
TOTAL..........														
Novices. .... avec patente supérieure.														
— inférieure.														
sans patente.........														
TOTAL..........														
TOTAL GÉNÉRAL..........														

(a) On est prié de fournir aussi les notes relatives aux maîtres dans certaines écoles rurales de petites fractions ou bourgs dans les ni régulièrement ordonnées selon la loi, sont nonobstant entretenues ou aidées par la commune pour le service des habitants qui ne peuvent

oles élémentaires publiques de la commune.

lation charitable dégagées des obligations de la commune.)

GULIÈRES.																				ASILES ENFANTINS communaux. (Exclus ceux qui sont seulement aidés par la commune.)	
LIÈRES DIURNES.											ENSEIGNANTS EXCLUSIVEMENT NOMMÉS et salariés pour l'enseignement de matières spéc[les] dans les écoles diurnes	ENSEIGNANTS dans les écoles du soir et des jours de fête				DIRECTEURS					
pointements des maîtres (les sous-maîtres suppléants et novices exclus) des écoles régulières payées par la commune.												appartena[nt] aux écoles diurnes lesquels ensei-gnaient celles du soir et des jours de fête.		spécialem[nt] nommés et payés seulement pour l'enseigne[nt] des écoles du soir et de jours de fête.		avec enseigne-ment.		sans enseigne-ment.		Personnel dirigeant et enseignant rétribué par la commune.	
our les classes et sections du cours inférieur.					Pour les classes du cours supérieur.																
asculins.		Féminins.			Masculins.			Féminins.													
Conformes à la loi.	Supérieurs à la loi.	Inférieurs à la loi.	Conformes à la loi.	Supérieurs à la loi.	Inférieurs à la loi.	Conformes à la loi.	Supérieurs à la loi.	Inférieurs à la loi.	Conformes à la loi.	Supérieurs à la loi.		Mas-culin	Fémi nin.	Mas-culin	Fémi nin.	Masculin.	Féminin.	Masculin.	Féminin.	Masculin.	Féminin.
18	19	20	21	22	23	24	25	26	27	28	29	30	31	32	33	34	35	36	37	38	39

s on ne donne que les premiers éléments de l'instruction élémentaire inférieure, et qui, bien que non classées par le Conseil provincial scolaire, ofiter des autres écoles.

III. Écoles élémentaires diurnes publiques

LOCAL (a) OÙ SE TROUVE CHAQUE ÉCOLE du centre, des bourgs et des autres fractions. (Indiquer d'abord toutes les écoles du centre, ensuite les écoles privées des bourgs et fractions séparément.) N. B. Les écoles de fondation charitable qui déchargent la commune de l'obligation de les entretenir, devront être marquées d'un astérisque placé à côté du nom de chaque école.	NUMÉRO D'ORDRE des écoles de la commune.	NATURE DES ÉCOLES. (De garçons, de filles, mixtes ou école rurale unique ou réparties en plusieurs classes et si elles sont régulières ou irrégulières.) (b)	DURÉE de L'ÉCOLE.		NOMBR… (y compris … Co… Écoles de garçons.			
			Toute l'année scolaire.	Une partie de l'année scolaire seulement.	Nombre des classes ou sections préparatoires.	Nombre des 1res sections ou des sections inférieures de la 1re classe.	Nombre des 2es sections ou des sections supérieures de la 1re classe.	Nombre des 3es sections
1	2	3	4	5	6	7	8	9

(a) Chaque local ou maison d'école doit être désigné avec le nom de la rue où il est situé ainsi que le numéro qu'il porte, ou avec d'au

(b) Par écoles irrégulières on entend les écoles facultatives qui ne sont ni écoles uniquement rurales de degré inférieur ni classes préparatoires éléments de l'instruction primaire et qui, quelquefois, sont entretenues par les communes au service des habitants des petits bourgs ou fracti faubourgs.

(c) Si la commune entretient une ou plusieurs classes complémentaires à la 4e classe (c'est-à-dire classes dans lesquelles on donne un ensei présents en fin d'année ainsi que le nombre de salles et celui du personnel enseignant exclusivement destiné à ces classes complémentaires.

OTAL DES CLASSES ET SECTIONS
MPOSENT LES ÉCOLES RÉGULIÈRES
sses et sections doubles ou parallèles en les distinguant selon leur nature.).

férieur (obligatoire).								Cours supérieur.			
	Écoles de filles.			Écoles mixtes.				Écoles de garçons. (c)		Écoles de filles. (c)	
ou sections préparatoires.	Nombre des 1res sections ou des sections supérieures de la 1re classe.	Nombre des 2es sections ou des sections supérieures de la 1re classe.	Nombre des 3es sections ou des 2es classes.	Nombre des sections préparatoires.	Nombre des 1res sections.	Nombre des 2es sections.	Nombre des 3es sections.	Nombre des 3es classes.	Nombre des 4es classes.	Nombre des 3es classes.	Nombre des 4es classes.
0	11	12	13	14	15	16	17	18	19	20	21

NOMBRE DES INSCRITS PENDANT L'ANNÉE SCOLAIRE

(comprenant les enfants inscrits au commencement de l'année scolaire et ceux inscrits plus

GARÇONS							FILLES				
	pour le cours inférieur obligatoire				pr le cours supérieur			pour le cours inférieur obligatoire			
dans les écoles irrégulières. (b)	dans les classes ou sections préparatoires.	dans les 1res sections ou dans les sections inférieures de la 1re classe.	dans les 2es sections ou dans les sections supérieures de la 1re classe.	dans les 3es sections ou dans les 2es classes.	dans les 3es classes.	dans les 4es classes.	dans les écoles irrégulières. (b)	dans les classes ou sections préparatoires.	dans les 1res sections ou dans les sections inférieures de la 1re classe.	dans les 2es sections ou dans les [illegible]	[illegible]
22	23	24	25	26	27	28	29	30	31	32	33

CLASSIFICATION, PAR ÂGE, DES INSCRITS

PENDANT L'ANNÉE SCOLAIRE

(égale à la somme des chiffres indiqués de la colonne 22 à la colonne 35)

dans les écoles irrégulières et dans les classes et sections préparatoires.						dans le cours inférieur obligatoire c'est-à-dire dans les écoles uniquem^nt rurales et dans les 1re et 2e classes dans les écoles réparties en plusieurs classes.						dans le cours supérieur (3e à 4e classes).					
Garçons (somme égale aux col. 22 + 23)			Filles (somme égale aux col. 29 + 30)			Garçons (somme égale aux col. 24+25+26)			Filles (somme égale aux col. 31+32+33).			Garçons (somme égale aux col. 27 + 28).			Filles (somme égale aux col. 34+35)		
au-dessous de 6 ans.	de 6 ans accomplis à 9 ans.	de 9 ans et au-dessus.	au-dessous de 6 ans.	de 6 ans accomplis à 9 ans.	de 9 ans accomplis et au-dessus.	au-dessous de 6 ans accomplis.	de 6 ans accomplis à 9 ans.	de 9 ans accomplis et au-dessus.	au-dessous de 6 ans.	de 6 ans accomplis à 9 ans.	de 9 ans accomplis et au-dessus.	au-dessous de 10 ans.	de 10 à 12 ans accomplis.	au-dessus de 12 ans.	moins de 10 ans	de 10 à 12 ans acc.	plus de 12 a. acc.
36	37	38	39	40	41	42	43	44	45	46	47	48	49	50	51	52	53

NOMBRE DES ÉLÈVES FRÉQUENTANT L'ÉCOLE LORS DE SA CLÔTURE.								[illegible]						
dans les écoles irrégulières (b)		dans les classes et sections prépa-ratoires.		dans le cours inférieur (dans les écoles uniquement rurales et dans les 1re et 2e classes).		dans le cours supérieur (3e et 4e classes).		EXAMINÉS À LA FIN DU COURS inférieur obligatoire.						
								Élèves de la 3e section dans les écoles uniquement rurales.				Élèves de la 2e [illegible] des écoles répa[illegible] en plusieurs cla[illegible]		
								Garçons.		Filles.		Garçons.		Fille[illegible]
Garçons.	Filles.	Garçons.	Filles.	Garçons.	Filles.	Garçons.	Filles.	Reçus.	Refusés.	Reçues.	Refusées.	Reçus.	Refusés.	Reçues.
54	55	56	57	58	59	60	61	62	63	64	65	66	67	[illegible]

Année scolaire 1885-1886.

…NS. — EXAMINÉS À LA FIN DES CLASSES PARTICULIÈRES du cours supérieur. — Élèves de la 3ᵉ classe. — Garçons. — Refusés.	Élèves de la 3ᵉ classe. — Filles. — Reçues.	Élèves de la 3ᵉ classe. — Filles. — Refusées.	Élèves de la 4ᵉ classe. — Garçons. — Reçus.	Élèves de la 4ᵉ classe. — Garçons. — Refusés.	Élèves de la 4ᵉ classe. — Filles. — Reçues.	Élèves de la 4ᵉ classe. — Filles. — Refusées.	NOMBRE DES SALLES OCCUPÉES DANS LES CLASSES OU SECTIONS (non compris celles où on ne fait pas de cours).	NOMBRE DES ENSEIGNANTS (y compris les assistants, suppléants et novices en excluant le personnel enseignant des matières spéciales et les directeurs et les directrices sans enseignement) — dans les écoles irrégulières. (b) — Égal aux totaux des colonnes 2 et 3 du tableau II. — Garçons.	dans les écoles irrégulières. (b) — Filles.	dans les classes préparatoires. — Égal aux totaux des colonnes 4 et 5 du tableau II. — Garçons.	dans les classes préparatoires. — Filles.	dans les écoles régulières. — dans les classes du cours inférieur. — Égal aux totaux des colonnes 6, 7, 8 et 10 du tableau II. — Garçons.	dans les classes du cours inférieur. — Filles.	dans les écoles régulières. — dans les classes du cours supérieur. — Égal aux totaux des colonnes 11 et 12 du tableau II. — Garçons.	dans les classes du cours supérieur. — Filles.
71	72	73	74	75	76	77	78	79	80	81	82	83	84	85	86

…ations équivalentes.

… élémentaire inférieur régulièrement appliquées et classées par le Conseil scolaire, mais dans lesquelles, pourtant, on donne les premiers … étant éloignées du centre, ne peuvent pas profiter des écoles régulièrement classées dans le chef-lieu de la commune ou dans d'autres

… supérieur à la 4ᵉ élémentaire), on donnera en regard du présent tableau des renseignements sur le nombre des élèves inscrits et de ceux

IV. Écoles du soir

(Si la commune ne pouvait donner ces renseigne[...]

LOCAL où SE TROUVE CHAQUE ÉCOLE. (Enregistrer en premier lieu les écoles du soir, ensuite les écoles des jours de fête.)	GENRES des ÉCOLES. (Sont-elles du soir ou de jours de fête, de garçons, de filles ou mixtes.)	DURÉE DU COURS EN MOIS.	NOMBRE TOTAL DES CLASSES ET SECTIONS qui composent les écoles du soir et jours de fête de la commune (y compris les classes doubles ou parallèles), distinctes selon leur nature.						NOMBRE DES INSCRITS au COMMENCEMENT DU COURS,						Garço[...] (somme [...] aux col. 10+[...]		
			Cours inférieur.				Cours supérieur.		dans les classes prépa-ratoires.		dans le cours inférieur.		dans le cours supérieur.				
			Nombre des classes ou sections préparatoires.	Nombre des 1res, 3es ou des sect.ns infér.es de la 1re classe.	Nombre des 2es, 3ons ou des sect.ns supér.es de la 1re classe.	Nombre des 3es sections ou des 2es classes.	Nombre des 3es classes.	Nombre des 4es classes.	Garçons.	Filles.	Garçons.	Filles.	Garçons.	Filles.	au-dessous de 12 ans accomplis.	de 12 à 15 ans accomplis.	de 1[...]
1	2	3	4	5	6	7	8	9	10	11	12	13	14	15	16	17	18

(a) Sous la dénomination d'écoles publiques on doit comprendre celles pour lesquelles la commune donne des secours ou pourvoit aux locaux e[...]

s jours de fêtes publiques [a].

eraient fournis par l'Inspecteur scolaire royal.)

ION ASCRITS t du cours.			ÉLÈVES FRÉQUENTANT LE COURS LORS DE SA CLÔTURE.						EXAMENS								NOMBRE DES SALLES OCCUPÉES PAR LES CLASSES OU SECTIONS (non compris celles où on ne fait pas de cours).	NOMBRE DES ENSEIGNANTS			
Filles (somme égale col. 11+13+15).			dans les classes prépa-ratoires.		dans le cours inférieur.		dans le cours supérieur.		DANS LES CLASSES du cours inférieur (y compris le cours préparatoire).				DANS LES CLASSES du cours supérieur.					de classe.		de matières spéciales (dessin, calli-graphie).	
									Garçons.		Filles.		Garçons.		Filles.						
de 12 à 15 ans accomplis.	de 16 à 18 ans accomplis.	de 18 ans accomplis et au-dessus.	Garçons.	Filles.	Garçons.	Filles.	Garçons.	Filles.	Reçus.	Refusés.	Reçues.	Refusées.	Reçus.	Refusés.	Reçues.	Refusées.		Garçons.	Filles.	Garçons.	Filles.
21	22	23	24	25	26	27	28	29	30	31	32	33	34	35	36	37	38	39	40	41	42

blement scolaires.

V. Renseignements sur les institutions enfantine

(Si la commune se trouve dans l'impossibilité de fournir les notes concernan

NUMÉROS D'ORDRE.	DÉNOMINATION de L'ASILE OU JARDIN D'ENFANTS. (a)	NATURE DE L'ASILE.					L'ASILE EST-IL SITUÉ DANS UN LOCAL appartenant à l'asile même.	NOMBRE DE SALLES.	MÉTHODE suivie dans l'asile.			Y DONNE-T-ON LES PREMIERS RUDIMENTS de l'instruction élémentaire ?	L'ASILE est-il			PERSONN enseignant et dirigeant.	
		ÉRIGÉ en corps moral	NON ÉRIGÉ en corps moral et fondé										PAYANT				
		Date du décret d'érection en corps moral.	par la commune.	par d'autres corps moraux.	par sociétés pour les asiles ou par associations.	par les particuliers.			Aporti.	Froebel.	Mixte.		pour tous les élèves?	pour les enfants de famille aisée?	GRATUIT?	Garçons.	Filles.
1	2	3	4	5	6	7	8	9	10	11	12	13	14	15	16	17	18

(a) On ne doit pas comprendre dans les asiles enfantins les classes préparatoires aux écoles élémentaires pour lesquelles les renseignements ont é

Date :

Les renseignements concernant le personnel enseignant, après avoir été vérifiés avec la liste nominative, ainsi que les autres renseignements fournis dans le présent tableau, sont adressés au Provéditeur royal.

L'Inspecteur scolaire royal,

Vu :

Le Provéditeur royal,

ıbliques et privées. (Année 1886.)

ısiles, l'Inspecteur scolaire royal aura soin de se les procurer directement.)

NOMBRE DES INSCRITS À LA FIN DE JUIN 1886.							LES DÉPENSES D'ENTRETIEN SONT SUPPORTÉES								
Garçons			Filles												
de 4 à 6 ans.	au-dessus de 6 ans.	TOTAL.	TOTAL.	au-dessous de 4 ans.	de 4 à 6 ans.	au-dessus de 6 ans.	par les rentes du patrimoine de la commune par les legs perpétuels. Pour francs.	par l'État. Pour francs.	par la province. Pour francs.	par la commune. Pour francs.	par d'autres corps moraux. Pour francs.	par des générosités éventuelles de sociétés et de particuliers. Pour francs.	par les contributions des élèves. Pour francs.	par d'autres sources. Pour francs.	TOTAL des frais d'entretien.
20	21	22	23	24	25	26	27	28	29	30	31	32	33	34	35

és dans le tableau III qui concerne les écoles élémentaires.

Timbre
de
la municipalité.

Signature du Syndic.

MODÈLE N° 7.

ANNEXE N° 18.

STATISTIQUE DES DETTES COMMUNALES PAR SUITE D'EMPRUNTS [(a)]

AU 31 DÉCEMBRE 1885.

*Commune d*__________ *circonscription d* __________ *province d*__________

EMPRUNT [(b)] __________

1. D'une valeur nominale de Fr.______ dont furent encaissés effectivement Fr. ______

2. Ce contrat fut stipulé le jour :______ mois :______ année : ______

par (*c*)______ { (*d*)______ gage consistant en______
(*d*)______ hypothèque sur______

3. A la suite (*e*)______ du jour______ du mois de______ de l'année______

4. Avec (*f*)______

5. Moyennant (*g*)...
   - souscription ouverte par (*h*)______ le jour______ du mois de______ de l'année______ de Nˢ______ obligations pour la valeur d'émission de Fr.______ chacune.
   - Lettre de change pour la somme de Fr. (*i*)______escomptée le jour______ mois______ année______
   - Compte courant jusqu'à la somme de Fr. (*l*)______
   - Nombre______ délégations sur le percepteur pour la somme totale de Fr.______

6. Au taux d'intérêt annuel de______ o/o payable à (*m*)______

7. L'impôt sur la richesse mobilière étant à la charge de (*n*)______et l'impôt de circulation à la charge de (*n*) ______ et payé sur la valeur (*o*)______

8. Pour couvrir les dépenses (*p*)______

______

______

(*a*) Les dettes ne dérivant pas de vrais emprunts d'argent doivent être exclues, comme dettes pour résidus passifs (valeurs non satisfaites, de fournitures, expropriations, etc.), rentes, redevances, cens, etc.

(*b*) Dire si c'est en obligations, lettres de change, compte courant, par délégations sur le percepteur, si la créance est hypothécaire ou chirographaire.

(*c*) S'il a été fait par acte public ou sous seing-privé.

(*d*) Avec ou sans gage ou hypothèque, et dans le cas où l'emprunt serait contracté avec gage, indiquer s'il consiste en fonds publics ou autres valeurs et de quelle nature.

(*e*) Décret royal ou arrêté préfectoral ou délibération du Conseil.

(*f*) Indiquer la dénomination précise de la personne ou de l'établissement ou de tout être moral qui a fait le prêt à la commune.

(*g*) Si le prêt ne revêt aucune des formes indiquées ci-dessus, on l'indiquera comme purement chirographaire.

(*h*) Si c'est par la commune ou par la personne chargée de l'emprunt en obligations, cette qualité sera indiquée en regard de la demande 4.

(*i*) Si l'emprunt a été contracté au moyen de lettres de change ou de billets à ordre, on indiquera le montant total des lettres de change en inscrivant les taux de l'escompte en tête de la demande 6.

(*l*) Indiquer jusqu'à concurrence de quelle somme le compte courant a été ouvert.

(*m*) Indiquer si l'intérêt est payable à la fin de l'année ou à chaque semestre, trimestre ou tous les deux mois, etc. Dans le cas d'emprunts à intérêts et primes et d'emprunts avec primes seulement, on indiquera si celles-ci sont fixes ou par tirages.

(*n*) De la commune, des prêteurs ou des souscripteurs.

(*o*) Dire si l'impôt de circulation est payé sur la valeur nominale ou sur celle de bourse.

(*p*) Indiquer clairement le titre et le montant de la dépense ou des dépenses pour lesquelles fut contracté l'emprunt. S'il avait été fait pour transformer d'autres emprunts contractés antérieurement, on devra indiquer la date de la stipulation de ces emprunts.

9. L'acquittement de la dette s'effectue moyennant ______
Nombre ______ annuités de Fr. ______ chacune, dans lesquelles (q) ______ compris les intérêts.

10. Les annuités se payent (r) ______

11. La première annuité a été payée le ______ du mois de ______ de l'année ______
et la dernière annuité sera payée le ______ du mois de ______ de l'année ______

SITUATION DE LA DETTE AU 31 DÉCEMBRE 1885.

12. Au 31 décembre 1885, il restait à éteindre une somme de Fr. ______ valeur nominale.

PAYEMENTS À FAIRE PENDANT L'ANNÉE 1886.

13. Pendant l'année 1886 pour extinction du capital seulement on fera les payements indiqués ci-contre.	Fr. ______	à l'échéance du ______
	Fr. ______	à l'échéance du ______
	Fr. ______	à l'échéance du ______
	Fr. ______	à l'échéance du ______
	Fr. ______	à l'échéance du ______
	Fr. ______	à l'échéance du ______
14. Pendant l'année 1886 on payera les intérêts indiqués ci-contre.	Fr. ______	à l'échéance du ______
	Fr. ______	à l'échéance du ______
	Fr. ______	à l'échéance du ______
	Fr. ______	à l'échéance du ______
	Fr. ______	à l'échéance du ______
	Fr. ______	à l'échéance du ______

15. DATE DE L'EXTINCTION DE LA DETTE. Jour ______ mois ______ année ______

OBSERVATIONS SPÉCIALES AUX EMPRUNTS EN OBLIGATIONS.

16. Obligations non vendues par la commune. Nombre ______ divisées en........	Nombre ______ annulées.
	Nombre ______ non annulées.
17. Obligations éteintes Nombre. ______ divisées en........................	Nombre ______ annulées parmi celles non vendues.
	Nombre ______ rachetées sur le marché et annulées.
	Nombre ______ sorties et remboursées aux possesseurs.
18. Obligations en circulation au 31 décembre 1885. Nombre ______ divisées en........	Nombre ______ sorties et non remboursées.
	Nombre ______ non sorties.

19. Valeur sur le marché de chaque obligation au 31 décembre 1885 avec coupon (t) Fr. ______

20. Le taux d'intérêt établi à l'acte de stipulation (u) ______ modifié par délibération du Conseil du jour ______ du mois de ______ de l'année ______ dans la mesure de (v) ______ o/o.

21. Autres observations sur l'emprunt (z) ______

(q) ...dans lesquelles *ne sont pas* compris les intérêts si les annuités se composent de quote-parts de capital seulement indépendamment desquelles on paye les intérêts à échoir; *sont compris* les intérêts, si l'extinction a lieu au moyen d'annuités égales dont une part représente l'amortissement du capital et l'autre les intérêts.

(r) Indiquer le jour et le mois de l'échéance des annuités au moyen desquelles a lieu l'extinction du capital.

(s) Dans le cas où les obligations ne seraient pas cotées à la bourse, indiquer quelle était au 31 décembre 1885, leur valeur de vente, achat entre particuliers.

(t) Indiquer si les obligations étaient cotées avec coupon attaché ou détaché.

(u) Indiquer si le taux de l'intérêt a été modifié ou non.

(v) Indiquer le taux de l'intérêt à la date du 31 décembre 1885.

(z) Indiquer si le tableau d'amortissement a toujours été suivi; s'il n'a pas toujours été suivi, indiquer le temps d'interruption, et s'il a été remplacé par un nouveau; s'il n'a pas été remplacé par un nouveau, indiquer le mode qui sera employé par la commune pour l'extinction de l'emprunt. Ajouter en outre toutes les autres observations que la commune croira opportunes.

Dimensions .... { Horizontalement....... 0m,44
Verticalement........ 0m,32.

ANNEXE N° 19.

(*Modèle de tableau à remplir dans chaque usine.*)

STATISTIQUE MINIÈRE. — ANNÉE 188 .

C.

USINES MÉCANIQUES (1).

District minier de

Province de

Commune de

Maison

(1) Les usines auxquelles s'applique le présent questionnaire sont les suivantes :

1° Usines de constructions mécaniques (locomotives et autre matériel mobile pour chemins de fer et tramways, moteurs à vapeur et hydrauliques, machines diverses pour les industries, machines agricoles); ateliers de réparations et manutentions annexes aux industries diverses;

2° Fabriques d'armes et de coutellerie;

3° Usines de fabrication mécanique d'ustensiles pour les arts et l'agriculture, de clous, boulons, pointes de Paris, toiles métalliques, tréfilerie.

(*Modèle de bulletin servant à établir la statistique industrielle dans les usines mécaniques.*)

RENSEIGNEMENTS DEMANDÉS.

Chaudières à vapeur........ { Nombre :
Force totale en chevaux-vapeur :

	NATURE DES MOTEURS (1).	NOMBRE DES MOTEURS pour chaque catégorie.	PUISSANCE en chevaux-vapeur.	DESTINATION.
Force motrice............				

(1) A vapeur ou hydraulique, etc.

	NOMBRE.	NATURE.
Fours et autres appareils....		

	QUALITÉ.	PROVENANCE.	QUANTITÉS en tonneaux.	VALEUR de l'unité.	VALEUR totale.
Matières premières employées y compris les combustibles.					

	QUALITÉ.	QUANTITÉ.	VALEUR de l'unité.	VALEUR TOTALE.
Produits obtenus...........				

Nombre des ouvriers........	masculins....	adultes..................	
		au-dessous de 14 ans........	
	féminins.....	adultes..................	
		au-dessous de 14 ans........	
Âge minimum des enfants			
Nombre moyen annuel des jours d'exercice			

[Une page annexée au tableau ci-dessus, porte les questions suivantes] :

OBSERVATIONS.

1° Moyens d'accès et de transport; 2° Lieux de vente des produits; 3° Améliorations possibles et moyens de les obtenir.

Dimensions....... { Horizontalement... 0m,45 / Verticalement..... 0m,33 }

MODÈLE A.

ANNEXE N° 20.

(*Modèle du bulletin servant à établir la statistique des salaires dans les établissements mécaniques.*)

ÉTABLISSEMENT[1]

DISTINCTION DES OUVRIERS selon les occupations (2).		DISTINCTION des salaires selon le degré d'habileté des ouvriers. (3)	SALAIRES journaliers en francs et centimes en 1886.	NOMBRE APPROXIMATIF des ouvriers pour chacune des diverses catégories de salaires.	NOMBRE D'HEURES qui constituent la journée normale de travail dans les diverses classes d'ouvriers.	NOMBRE APPROXIMATIF des journées de travail effectif dans l'année pour chaque classe d'ouvriers.
Écrivains................		Maximum ...				
		Moyen......				
		Minimum....				
Dessinateurs.............		Maximum ...				
		Moyen				
		Minimum ...				
Assembleurs	Chef d'atelier..	....				
	Ouvriers ordinaires	Maximum ...				
		Moyen......				
		Minimum ...				
Forgerons ..	Chef d'atelier .	....				
	Ouvriers ordinaires......	Maximum ...				
		Moyen......				
		Minimum....				
Chaudronniers et tubistes.....	Chef d'atelier..	....				
	Ouvriers ordinaires......	Maximum ...				
		Moyen......				
		Minimum ...				
Fondeurs et mouleurs.	Chef d'atelier..	....				
	Ouvriers ordinaires	Maximum ...				
		Moyen......				
		Minimum....				
Menuisiers et modeleurs	Chef d'atelier..	....				
	Ouvriers ordinaires	Maximum ...				
		Moyen......				
		Minimum ...				
Professions diverses	Chef d'atelier..	....				
	Ouvriers ordinaires......	Maximum ...				
		Moyen......				
		Minimum ...				
Manœuvres ou portefaix.....		Maximum ...				
		Moyen......				
		Minimum ...				
Garçons ou apprentis........		Maximum ...				
		Ordinaire ...				
		Minimum ...				

(1) Indiquer avec précision la nature de l'établissement, la localité dans laquelle il est situé, et le nom du propriétaire ou patron.

(2) Cette distinction n'est pas invariable mais seulement indicative. On pourra, selon le cas, ajouter ou retrancher les catégories, de manière à ne faire figurer sur le registre que les catégories réellement existantes dans l'établissement.

(3) Par salaire moyen on doit entendre celui que l'on donne aux ouvriers d'habileté commune; par salaire maximum, celui qui se donne aux ouvriers d'habileté supérieure; par salaire minimum, celui qui se donne aux ouvriers moins habiles. (Voir les instructions.)

[*Une page annexée au tableau ci-dessus porte les questions suivantes :*]

Comment sont payés les ouvriers (à la semaine, à la quinzaine, au mois, etc.)?

Les ouvriers sont-ils rétribués exclusivement en argent ou bien ont-ils la nourriture et le logement dans l'établissement, etc.?

Quels sont les ouvriers rétribués à forfait et quels sont ceux rétribués à la journée? (Voir les instructions.)

Est-il fréquent que les ouvriers travaillent en dehors de l'horaire ordinaire? A combien peut-on évaluer approximativement leur gain extraordinaire dans le cours de l'année?

TABLE DES MATIÈRES.

ANNEXES.

STATISTIQUE JUDICIAIRE.

STATISTIQUE DE POPULATION.

STATISTIQUE DES SOCIÉTÉS DE SECOURS MUTUELS.

STATISTIQUE DES ASSURANCES.

AUTRES STATISTIQUES.

Imprimerie Nationale. — Septembre 1887.

www.ingramcontent.com/pod-product-compliance
Lightning Source LLC
LaVergne TN
LVHW020343230826
846091LV00003B/976

* 9 7 8 2 0 1 3 6 8 4 2 9 3 *